JN169764

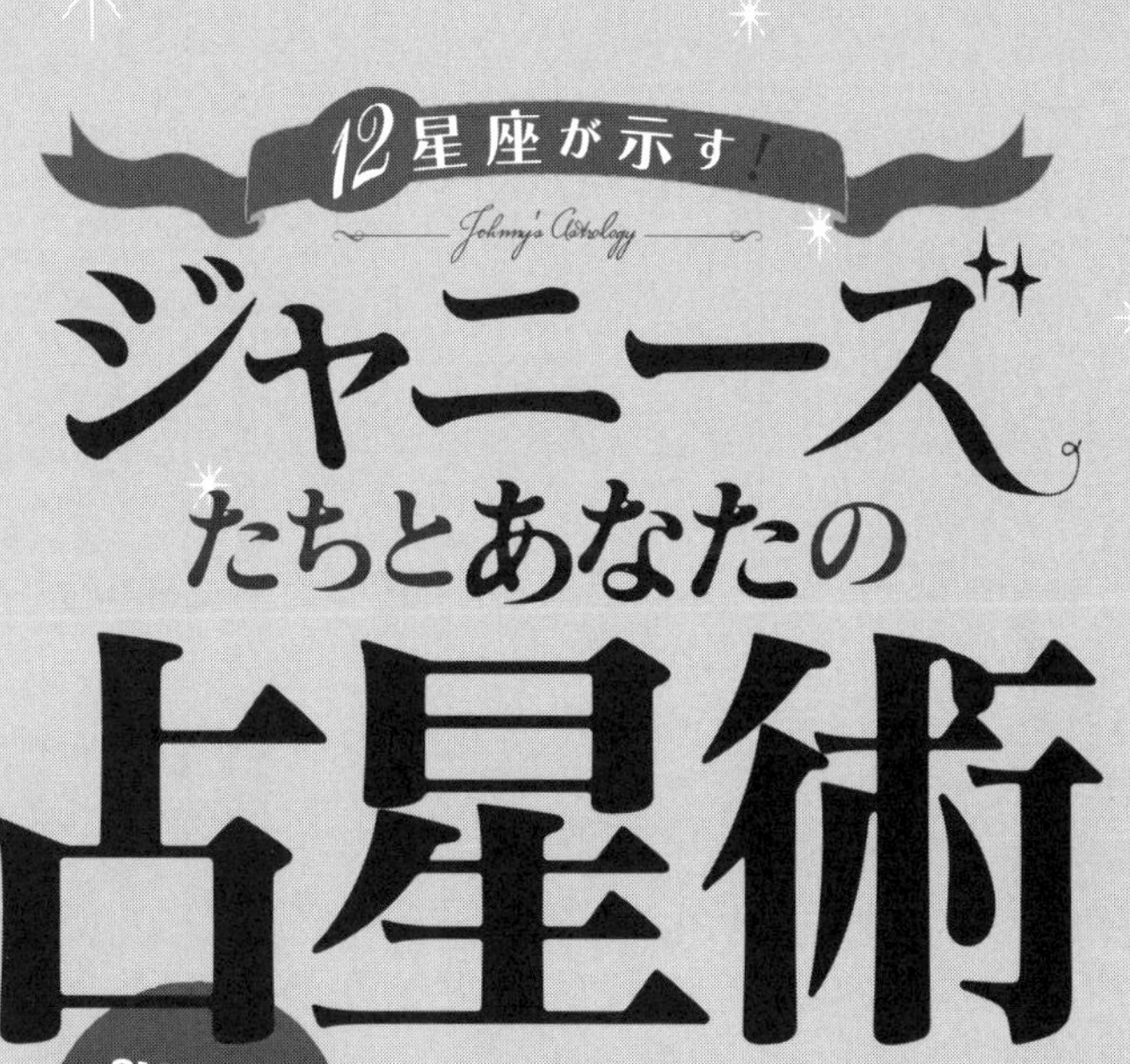


SMAP、嵐、
Kis-My-Ft2…
占いから見る
メンバーの素顔

葉山さくら著
Hayama Sakura

CYZO

# はじめに ジャニーズ占いが映すアイドルの素顔

## ジャニーズはアイドル史を変えた

どのグループも冠番組を持ち、人気度によっては個人の冠番組まであり、さらには個々がさまざまなテレビ番組に出演しているジャニーズのみなさん。彼らをテレビで見ない日はない、というくらいお茶の間のアイドルとして確固たる地位を築いています。

しかも、まだデビューしていないアイドル予備軍まで数多く抱え、後から後からアイドルを生み出し続けるジャニーズ事務所、本当にスゴイ！　の一言です。

以前は、アイドルといえば10代、20代の若者であり、ファンも同世代の人たちでした。ある年齢になればアイドルもファンもその地位から卒業し、新たな若い世代にバトンタッチする。それがアイドルとファンの在り方でした。

ところが、ジャニーズはそんなアイドルとファンの形さえも変えてしまいました。現在、アイドルもファンも卒業することなく、年齢を重ねても変わらずジャニーズは活躍し、彼らを応援し続けるファンたちが親子2世代でコンサートを楽しむ姿も珍しくはありません。特にSMAPや嵐は、世代を超えて大人気です。そんなところからも、ジャニーズの底力を感じます。

本書では、いくつになっても胸をときめかせてくれるジャニーズアイドルたちを、占いで徹底解剖しちゃいます！　アイドルたちの本当の素顔やグループの仲良し度、そしてファンのみなさんとジャニーズの相性などを紹介しているので、ぜひ笑いながらお楽しみください。

## ジャニーズアイドル、総勢84人を大解剖！

まず、第1章ではジャニーズ総勢84人の性格を占っています。テレビや雑誌で見るアイドルたちは、いつも明るく笑顔ですが、パフォーマンスをしているときの真剣な表情はとてもカッコよくて、つい見とれてしまいます。ときには、お笑い芸人のような三枚目な姿で、ファンを笑いの渦に巻き込んだりもしますが、そんな部分でさえ「かわいい！」と思ってしまうのがファン心理。

「ドラマの○○くん、いつもの天然キャラと違ってカッコよかった〜」

「いつもクールなのに、ときどき見せるボケ加減がいいんだよね。しかも、その後に見せる照れた顔、あれがかわいいんだよ〜」

など、ファンのなかでは浸透しているジャニーズたちのキャラクターですが、実際にそれぞれのグループでメンバーたちが、クール担当、お笑い担当、天然担当など、キャラクターが振り分けられているのはテレビを見ていても一目瞭然です。もちろん、そもそもの性格に近いキャラクターなのだとは思いますが、そうはいっても彼らはアイドル。ファンを喜ばせるために、日々自分をよりカッコよく、よりかわいく、よりおもしろく見せるための研究は欠かさないはず。

そんなアイドルたち、テレビで見せる顔と実際の性格に差はあるのでしょうか？　表の顔と裏の顔のギャップが激しいジャニーズから、テレビで受ける印象そのままのジャニーズまで、84人の素顔を徹底解剖します。

## 相関図でグループ内の親密度をチェック！

そして、第2章ではグループごとに相性を占っています。古株のSMAPから、一番新しいジャニーズWESTまでの12グループです。

グループ全体としてのバランスは、果たしてよいのか悪いのか。はてまた個々のメンバー同士はいったいどんな相性なのか。ファンサイトなどでも、「○△くんと△○くんの絡み、萌え〜」などというコメントをよく見かけますが、グループ内の関係性はファンにとって興味の的。妄想を膨らませてはどのコンビが最強か、ファン同士激論を交わすこともあります。

ファンには最大の関心ごとである個々のメンバーの相性については、「大好き」「リスペクト」「安心」「ライバル」「困ったヤツ」「ウザい」……など、それぞれの関係性を一言で表現した相関図も作ってみました。ファンの方々の妄想とは違っていても、これも彼らの一面です。ぜひ、新たな妄想のネタとして活用してくださいね。

ちなみに、2人組のＫｉｎＫｉ Ｋｉｄｓとタッキー＆翼に関しては、コラムとして2人の相性を紹介しています。

大好きなジャニーズとの相性をチェック！

さらに、第3章ではジャニーズとファンのみなさんの相性を占っています。ファンであれば、誰もが一度はジャニーズとの恋愛劇場を妄想したことがあると思います。「もし○○くんの彼女になれたら……」、「もし○○くんと結婚したら……」は当然ですが、本書では「もしジャニーズと友だちだったら」「もしジャニーズと兄弟だったら」「もしジャニーズが上司だったら」など恋愛関係以外の相性も占っています。

また、恋愛のなかでもディープな関係である「不倫相手」としての相性は一見の価値あり。アイドルとの恋愛というだけでも秘めごとですが、さらに不倫というキーワードが加わったら、いったいどんな関係になるのでしょうか？

## ジャニーズ占いの基準

本書の占いは「星座」を基準にしています。みなさんもご存知の12星座ですが、厳密には生まれたときに12種類の星座と10種類の星がどのような位置関係にあったかで、基本的な性格が決定するといわれています。

### ■12種類の星座

おひつじ座・おうし座・ふたご座・かに座・しし座・おとめ座・てんびん座・さそり座・いて座・やぎ座・みずがめ座・うお座

■10種類の星
太陽・月・水星・金星・火星・木星・土星・天王星・海王星・冥王星

「12星座占い」では、ざっくりと12種類に分かれていますが、同じおひつじ座でも生まれた日時によって、当然月の位置や水星の位置は変化します。それを表すのがホロスコープという図表。つまり、まったく同じ年月日＋時間に生まれないかぎり、誰もがオリジナルのホロスコープを持っているということです。

12星座は誕生したときの太陽の位置で決定します。それを基準に、月の位置で気質や想像力、水星の位置でコミュニケーション能力や知性、金星で愛情や協調性などの傾向を読み取ることができるのです。

本書でジャニーズの性格や相性を確認し、よりよいファンライフを楽しんでください。

# ジャニーズ占い――目次

special

第1章

# ジャニーズアイドル
# 徹底解剖！

# リーダーシップのある「エゴイスト」

**●「エゴイスト」さんの弱点は？**

……おだてられると、その気になって浮かれる。

**●「エゴイスト」さんは恋愛するとこんな感じ**

……強気なくせに、ちょっとヘタレ。

**●「エゴイスト」さんの金銭感覚**

……小さな買いものは少しでも安いものを、大きな買いものは高くてもよいものを買う。

**●「エゴイスト」さんのキレる瞬間はココ**

……いいわけばかりで責任転嫁をする人がいたら、さあ大変。

**●「エゴイスト」さんが芸能人じゃなかったら？**

……大胆でやり手の社長さん

# 「エゴイスト」さんの代表

# 【山下智久】

落ち着いていて、冷静に見られがちな山Pですが、心のなかにはメラメラとしたとても熱いものを持っています。

思い立ったらすぐに行動に移さないと気がすまない猪突猛進タイプで、周囲から見ると無謀と思えるようなこともやってのけるチャレンジャー。たとえ失敗したとしても、すぐに気持ちを切り替えられるタフさをあわせ持っています。

その一方で、恋愛の失敗には弱いタイプ。いつも強気なぶん、フラれるとなかなか立ち直れません。基本的に山Pは自分がリードしたい性格なので、女性をグイグイと引っ張っていきますが、思いがけず相手に強気で出られると、あたふたしてしまうかわいらしい一面も。

また、自らの意思でリーダー的な立場に立つことが多いけれど、意外におだてに弱いので、周りから「ここは、やっぱり山Pでしょ！」なんていわれると、その気になってしまう素直なところがあります。

## 【堂本剛】

堂本剛くんは「大胆」と「繊細」の、相反する性格が同居しているタイプ。集団行動を好まず、1人の時間を大切にします。行動力はバツグンなので、フラッと1人で海外旅行にいってしまい、一瞬、周囲に心配をかけることも。とはいえ、繊細で周囲への気配りが細やかなタイプなので、旅先からの連絡は欠かしません。

恋愛依存度は低く、気になる女性がいてもなかなか恋愛関係に発展しませんが、一度好きになったら相手を思い続ける一途さを持っています。

## 【滝沢秀明】

楽しいことが大好きで、サービス精神が旺盛なタッキー。同じステージにとどまっていることを嫌い、つねに新しいことを追い求める探究心は人一倍です。人とはちょっと感覚がズレているところがありますが、相手の意見に耳を傾けられる協調性もあわせ持っています。

開放的なタイプなので、恋愛に関してはやや奔放な傾向が見られます。盛り上がった勢いでつき合ってはみたものの、あまりマメな性格ではないため、意外にもフラれることが多そう。

## 【髙木雄也】

髙木くんは名誉欲が強く、向上心も旺盛なタイプ。グループ内ではちょっと抜けているキャラですが、実は頭の回転がはやく、決断力も瞬発力もあります。ただ、いささか持続力に欠けるため途中でものごとを投げ出し、周囲を振り回してしまうことも。

恋愛に関しても、女性を振り回してしまうところは変わりません。大切にしたいと思っているのに、つい気持ちとは裏腹な態度で接して、相手を傷つけてしまうことも多々あります。ただ、そんなところに魅力を感じる女性は多そう。

## 【千賀健永】

活発で明るく、行動的なタイプの千賀くん。はっきりと自分の意見をいうし、意志が強いので、ときには周囲にわがままな印象を与えることもあるでしょう。ただ、ちょっと天然なところがあるので、反感を買われることは少なさそう。

意外に気が小さい面もあり、周囲から批判を受けたり、なにかに失敗したりすると、かなり落ち込みますが、その反面、恋愛に関しては結構あっさりしているタイプ。積極的に攻めるわりに、相手に気持ちがないとわかれば、「さあ、次」とすぐに諦めてしまいます。

## 【有岡大貴】

有岡くんは気性の激しい「エゴイスト」さんには珍しく、おおらかな性格の持ち主。細かいことは気にせず、たいていのことは鷹揚に受け止めます。そんなところが周囲から頼られる一因といえるでしょう。

とはいえ、交友関係は広いほうではありません。本当に信じられる人たちと、少人数で語り合うのが好きなタイプ。恋愛傾向も同様で、ひと目ボレすることはなく、信頼関係を構築していくなかで、友だちから恋人へと発展することが多そう。

## 【岡本圭人】

慎重派でとても真面目な性格の岡本圭人くんは、周囲から「誠実な人」と思われることが多いでしょう。どちらかといえば、破天荒な性格が多い「ェゴイスト」さんですが、岡本丰人くんはルールを守ることに重きを置く珍しいタイプです。

感情を表に出すことは多くありませんが、これだけは譲れないということにおいては、驚くほど気性が激しくなる一面も。ただ、恋愛面においてその性格はあまり発揮されず、かなりのオクテくんといえます。

## 【マリウス葉】

マリウスくんのコミュニケーション能力はかなり高め。天真爛漫でユーモアがあり、いつも輪の中心にいる太陽のような存在です。友だちも多く、困ったことがあれば率先して周囲が助けてくれるでしょう。

一度決めたことはやり遂げる意志の強さを持っているので、恋愛についても積極的にアプローチしていきます。ただ、なぜか恋愛関係になると、とたんに相手に合わせることができなくなってしまう、わがままな面があります。

## のんきな
# 「モラリスト」

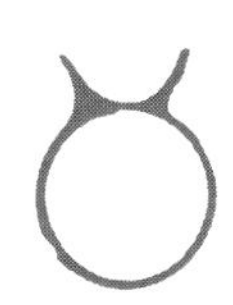

**●「モラリスト」さんの弱点は？**
……融通がきかず、ときどき周囲から反発を買う。

**●「モラリスト」さんは恋愛するとこんな感じ**
……リードしているようで、実は手のひらで転がされる。

**●「モラリスト」さんの金銭感覚**
……「貯金が趣味」といい切る節約家。

**●「モラリスト」さんのキレる瞬間はココ**
……シルバーシートに座っている若者を見つけたら、さあ大変。

**●「モラリスト」さんが芸能人じゃなかったら？**
……退職までの収入が見とおせる公務員。

# 「モラリスト」さんの代表

# 【山田涼介】

一生懸命で、どんなに辛くても弱音を吐かない山田くん。必死になることがカッコわるいと思ってしまう思春期特有の傾向とは正反対の性格で、つねに全力投球で取り組みます。

そのせいか、同年代からは「暑苦しいヤツ」と思われてしまうことも。とはいえ、持ち前の責任感と「モラリスト」さんには珍しい太っ腹な性格で、後輩からは慕われます。

若干、バランス感覚に乏しく、2つ以上のことを同時に進めることが苦手。ドラマの撮影とコンサートのリハーサルなどが重なると、ふだんは泰然自若としている山田くんもかなりテンパってしまいそう。

基本的にはのんびりしていて受け身なので、恋愛でも自分からガツガツと攻めることはありません。やさしくておおらかな性格のせいか結構モテるのですが、自己主張が苦手なためデートはもっぱら彼女まかせ。「つまらない」という理由でフラれてしまうことが……。

## 【井ノ原快彦】

曲がったことが嫌いで、自分にも他人にも厳しいイノッチ。社交的な人柄で、なんでも器用にこなすので、周囲からは一目置かれる存在です。時間的にも金銭的にもムダを嫌い、計画的にきちんとものごとを進めるタイプ。その反面、楽観的で素直なところもある不思議な人です。

なにごとにも真っ直ぐなイノッチは、恋愛にも真剣です。ひと目ボレをすることはほとんどありませんが、まず最初につき合ううえでのメリットを考えてしまう、少々打算的な面も。

## 【横山裕】

横山くんは努力家で粘り強い性格です。困ったことや辛いことがあっても態度には出さず、1人で解決しようとするがんばり屋さん。なかなか自分に満足することができず、がんばりすぎて体調を崩してしまい、周囲の人に心配をかけることがあるので、健康管理には注意が必要です。

オクテというわけではありませんが、恋愛に関しては少々鈍感。女性からのアプローチにまったく気づかないこともしばしばです。とはいえ、基本的には来る者は拒まないタイプ。

## 【小山慶一郎】

洞察力があって、頭の回転がはやく、合理的に仕事をこなす小山くん。周囲からの評価はかなり高いでしょう。実は面倒くさがりの性格が、効率化を生み出しています。「はやく終わらせるためには」、「ダメ出しをくらわないためには」など、いつも面倒なことが起こらないように先読みして行動していそう。

おっとりした雰囲気の小山くんですが、女性を見る目はなかなかシビア。心を許した相手にはわがままになってしまうのか、嫉妬深い一面があります。

## 【大倉忠義】

大倉くんはとても誠実で、家族や友人など、身近な人を大切にするタイプ。

温厚な性格で雰囲気もやわらかいのですが、なぜか最初は近寄りがたい人と思われがちです。しかし、じっくりつき合ってみるとそのユーモアセンスに、周囲の人たちはとたんに心を開きます。

恋にはひたむきで、好きになった相手には最後まで尽くします。気持ちが冷めても、なかなか自分からいい出せずに、ズルズルと交際を続けてしまう優柔不断なところがたまにキズ。

## 【横尾渉】

完璧主義でなにごとにも全力投球の横尾くんですが、「モラリスト」さんの融通のきかなさが顕著に出るタイプです。また、すぐに不満に感じたことを口にしてしまうところがあります。それも理屈っぽく周囲の問題点をあげつらってしまうので、ヒンシュクを買ってしまうことも少なくないようです。

女性に対しても、少々押しつけがましく説教をしてしまうクセが。でも根に持つタイプではないので、いつまでもグチグチいうことはありません。相手がさっぱりしている人なら問題ないでしょう。

## 【岡本健一】

知識欲がとても旺盛な岡本健一くんは、少しでも気になることがあると、すぐに調べる研究熱心なタイプ。そのため、わからないことを誰かに質問して、それに相手が適当な返答をしようものなら、ものすごい見幕で怒ってしまうという、一本気で少々短気な一面があります。恋愛においても持ち前のリサーチ力を駆使して、完璧なデートスケジュールを立てます。女性が好みそうなスポットや流行にも敏感なので、楽しいサプライズデートを演出してくれそう。

# 「インテリジェンス」な気まぐれ屋

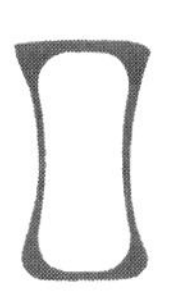

**●「インテリジェンス」さんの弱点は？**
……センスはあるのに、飽きっぽいから身につかない。

**●「インテリジェンス」さんは恋愛するとこんな感じ**
……気まぐれナンバー1は、恋人がいてもフラフラ。

**●「インテリジェンス」さんの金銭感覚**
……あるだけ使い、なければおねだりするちゃっかり者。

**●「インテリジェンス」さんのキレる瞬間はココ**
……自分が悪いのに遅刻を非難されたら、さあ大変。

**●「インテリジェンス」さんが芸能人じゃなかったら？**
……知的で自由な芸術家。

# 「インテリジェンス」さんの代表

# 【二宮和也】

知的な二宮くんは、計画性と実行力がともなっているタイプ。いい加減そうに見えて、新しいことをはじめるときには、綿密に計画を立ててから行動します。ただし、短期間で成果が出ることなら問題ありませんが、長期間を要することに対しては、結果が出る前に途中で放り投げてしまう飽きっぽいところがあるようです。

交友関係は広く、誰に対しても笑顔で接する平和主義者の二宮くん。とはいえ、感情が言動に出やすいため、周囲には横柄な印象を与えてしまうことも少なくありません。

また、自由奔放なのに、意外に非科学的なことは信じないという、現実的な一面もあります。

そんな二宮くんですが、恋愛に関しては結構ホレっぽい性格。ひと目ボレも多そうです。そして、このタイプにはありがちですが、心変わりもはやく、少しでも相手の嫌な部分が見えると、すぐに恋愛感情が冷めてしまうという一面が。

## 【五関晃一】

冷静な分析力で、パーフェクトな結論を導き出せる、非常に知性のある五関くん。流行に敏感で、新しいものを取り入れることも得意です。ところが、自分の能力を過信しすぎる傾向があるため、ときどき軽率な行動に出てしまうことがあるので要注意。

特に軽率になりがちなのが恋愛面。相手の都合を考えずに、なにごとも自分のペースで進めてしまうので、のんびり屋の彼女の場合、五関くんについていけずに疲れてしまいそう。

## 【錦織一清】

「いかにおもしろいか」に重きを置く錦織くんは、人一倍好奇心が旺盛なタイプです。楽しいこと、おもしろいことに対しては、周囲もビックリするくらい熱中しますが、おもしろくないと判断したことに対しては、これまたビックリするくらいあっさりと放り投げます。

寛容で先入観にとらわれない性格なので、好きになる女性のタイプも見事にバラバラ。いつも相手を楽しませてくれますが、おしゃべり、理屈っぽい、時間にルーズが理由でフラれることが多そう。

# ヒステリックな「ジェントルマン」

●「ジェントルマン」さんの弱点は？
……周囲の目を気にして、他人の意見に流される。

●「ジェントルマン」さんは恋愛するとこんな感じ
……駆け引きできずに、体当たり。

●「ジェントルマン」さんの金銭感覚
……ムダづかいを嫌うけど、
ストックがあるのに安売りで大量買い。

●「ジェントルマン」さんのキレる瞬間はココ
……身内の悪口をいわれたら、さあ大変。

●「ジェントルマン」さんが芸能人じゃなかったら？
……真剣に秩序を教える学校の先生。

# 「ジェントルマン」さんの代表

# 【藤ケ谷太輔】

包容力があり、親身になって相手の相談にのってあげられる藤ケ谷くん。母性的な雰囲気を持っているので、周囲からの信頼は厚いでしょう。

自分に対してはとても厳しく、人に頼るのは苦手なタイプ。なんでも1人で解決しようとします。そんな藤ケ谷くんに対して、「心を開いてくれない」と寂しい思いをしている人も結構いるかも。

また勘が鋭いせいか、衝動的に行動してしまうことが多く、どちらかといえば、白か黒かはっきりさせることを好みます。

その反面、あまり態度には出しませんが、自信を持って判断したことでも、他人の評価が気になってしまう繊細な一面もあります。

恋愛にはとても一途で、恋をするとのめり込んでしまうタイプです。愛情が深いぶん、独占欲も強く、相手を束縛してしまいがち。クールな印象の藤ケ谷くんですが、恋愛に関しては情熱的といえるでしょう。

## 【草彅剛】

草彅くんは協調性があるうえに、思いやりにもあふれた性格です。相手のよい面に注目する傾向が強いので、周囲の誰からも好かれる人格者。そんな草彅くんの寛大な性格は長所でもありますが、人に合わせすぎてしまうあまりに、「一貫性のない人」と思われてしまうこともしばしば。

好きな人に対しては、大胆に振る舞いながらも実は繊細。つき合い出すと心配性な面が強く出てしまい、相手に「重たい」と思われてしまいがち。

## 【三宅健】

天然キャラが定着している三宅くんですが、実は頭の回転がはやく、機転がきき、柔軟性もあるため、トラブルを円満に解決することが得意。そのため、本人が望んではいなくても、チームの中心的な立場に祭り上げられてしまうタイプです。

恋愛においては警戒心が強く、ふだんは見られない少々臆病な一面が出てきてしまいそう。思うようにいかないと、感情的になって相手を傷つける言葉を投げつけてしまうことも。

## 【増田貴久】

増田くんは努力家で粘り強い性格の持ち主です。やると決めたことは最後までやり遂げますが、「ジェントルマン」さんには珍しく、周囲のアドバイスに耳を貸さない少々頑固な面があります。その一方で、他人の相談ごとには熱心に耳を傾け、聞き上手な性格を発揮します。

恋愛には臆病で、なかなか自分から行動に移すことができず、周囲の力を借りることが多そう。安定を好むため、結婚願望は強いでしょう。

## 【加藤シゲアキ】

加藤くんはどちらかというと、輪の中心というよりも、ナンバー2という立場でこそ、力を発揮するタイプ。世話好きで、人情味のあふれる性格ですが、一度信用できないと思った相手に対しては、容赦なくバッサリと切り捨てる非情で現実的な面もあわせ持っています。

恋愛では、隠しごとがヘタなくせに、すぐにバレるようなウソをついてしまう傾向があるので要注意。それがもとで、2人の仲が急速に冷え込むことも。

## 【伊野尾慧】

「ジェントルマン」さんの典型である伊野尾くんは、本来はとても繊細でやさしいタイプ。ところが、そう思われることを嫌い、デリケートとは正反対に極端にハメをはずしたり、人とズレたことをして周囲をあぜんとさせる、あまのじゃくな性格です。

恋愛に関しては、なによりもモラルを重視する潔癖性。それが独占欲の形であらわれて、彼女の男友だちにまでいちいち嫉妬してしまう、面倒くさいところがあるタイプです。

## 【神山智洋】

神山くんは「ジェントルマン」さんには珍しく、グイグイと周囲を引っ張っていくリーダータイプ。とはいえ、「ジェントルマン」さん特有のおおらかさや母性もあわせ持っているため、1人で突っ走ることなく、周囲へのフォローも忘れないので、誰とでもすぐに打ち解けます。

そんな神山くんですが、プライベートでは干渉されることを、ことのほか嫌います。恋愛については特にこの性格が顕著にあらわれるでしょう。

【橋本良亮】

保守的で杓子定規な考えの持ち主の橋本くんは、最初はつき合いにくい人と思われてしまいがち。ただし、人を見る目があるので、自分を理解してくれる人をきちんと見極めることで、交友関係を広げていきます。

自分に自信が持てないところがあるため、恋愛にはあまり積極的ではなく、自分から動くことはめったにありませんが、やさしくてスマートな言動は好感度が高いので、声をかけてくる女性は多いでしょう。

【近藤真彦】

知識欲やプライドが高いマッチさんは、指導者の資質を持っています。ただ、少々気性が激しく、気分にムラがあるタイプなので、周囲を振り回してしまうことがしばしば。そんな部分をフォローしてくれるナンバー2と出会えたら百人力です。

恋愛に対しては、恥ずかしがり屋なところが前面に出てしまい、好意を素直に伝えられず、好きなのに意地悪をしてしまうという、小学生のような態度をいまだに実践しているタイプです。

# カッコ悪ぃ「チャレンジャー」

**●「チャレンジャー」さんの弱点は?**
……自分のことが大好きで、他人への関心が薄い。

**●「チャレンジャー」さんは恋愛するとこんな感じ**
……「人の気持ちは変わるもの」が口グセの移り気屋。

**●「チャレンジャー」さんの金銭感覚**
……好きなものには、金に糸目をつけない。

**●「チャレンジャー」さんのキレる瞬間はココ**
……常識の枠に押し込まれそうになったら、さあ大変。

**●「チャレンジャー」さんが芸能人じゃなかったら?**
……賞賛を浴びるデザイナー。

# 「チャレンジャー」さんの代表
# 【中居正広】

明るくて前向きな中居くんは、とどまるところを知らないバイタリティの持ち主です。休みの日でも家でゴロゴロとすごすのは苦手。ちょっとでも時間があれば友だちに連絡して遊びに出かけたり、家にいてもじっとしていることはなく、なんやかんやと動き回っていそう。

少々他人に厳しいところがありますが、自分にも厳しいので周囲から反感を持たれることは少ないでしょう。一方で、素直でお人好しの面があり、苦労話などを聞かされるとあっさりダマされてしまったりもします。

仕事では大胆にものごとを判断しますが、残念ながらその性格は恋愛にはいかされていないようです。

「チャレンジャー」さんには珍しく、中居くんはかなりシャイな性格。妄想にふけり、1人で勝手に恋愛を進めて、そして完結なんていうことも。実際に行動に移すことは少ないけれど、意外と恋多きタイプといえるかもしれません。

## 【坂本昌行】

こだわりが強く、ちょっと融通がきかない一面がある坂本くんは、コミュニケーションが苦手なタイプ。ただ、周囲の人に自分を理解してほしい、という気持ちは人一倍強いので、口ベタながらも一生懸命に気持ちを伝えようと行動します。

恋愛にはそれほど重きを置いていません。自分のことで精一杯になってしまいがちなので、恋人ができてもほったらかしにしてしまい、愛想を尽かされてしまうことも多そう。

## 【二階堂高嗣】

二階堂くんはテレビで見る印象どおり、おおらかで人懐っこく、人を笑わせることが大好きなタイプです。その反面、ナイーブで傷つきやすい一面を持っています。精神的に疲れると、家にとじこもって誰からの連絡も一切遮断してしまう、なんていう極端な行動に出ることもありそう。

好きな女性には素直に愛情表現する性格で、相手にもそれを望みます。束縛したがるくせに自分が束縛されるのは嫌という、恋愛においては少々わがままなタイプ。

## 【中島裕翔】

中島裕翔くんは独立心が旺盛で自己主張もはっきりしているタイプです。見た目からは温和な印象を受ける中島裕翔くんですが、意外に自信家。そのせいなのか自分のペースを乱されると、パニックになってしまい、ふだんは見せない気性の激しさを見せてしまうことも。

恋愛面では一途さと移り気が混在して表面化。浮気が原因で、同じ女性と別れたり、またつき合ったりを繰り返すタイプといえるでしょう。

## 【藤井流星】

あまり深く考えずに、思ったことをすぐに口にしてしまう藤井くん。このタイプは得てして敬遠されがちですが、藤井くんの場合、さっぱりしていて嫌みがないため、人を傷つけることがあまりなく、嫌われることも少ないようです。

恋愛に対しては、自分から積極的に行動することはありませんが、その反面、両思いになったとたんに突っ走ってしまう傾向が。ただ、基本的には熱しやすく冷めやすい性格なので、あまり長続きはしないでしょう。

## 【小瀧望】

目立ちたがり屋で少々おせっかいなところがある小瀧くんですが、根が陽気で明るいので、周囲からでしゃばりと思われることは少ないタイプ。また、好奇心が旺盛で、いろいろなことに興味を持つだけでなく、新しいことをはじめても、なんでもそつなくこなします。

ただ、恋愛に関してはなかなか予定どおりにはいかないでしょう。自分では「ぬかりはない」と思っていても、相手あっての恋愛なので、想定どおりにはいかぬもの。シミュレーションはほどほどに。

## 【植草克秀】

植草くんは独特の世界観を持っているタイプです。プライベートでは、家族や友人とワイワイすごすよりも、自分の趣味に没頭する時間のほうを大切にします。口べタでコミュニケーションが苦手な性格が、よりそうさせているのかもしれません。

自分の世界以外にはあまり関心のない植草くんなので、恋愛への興味も人並み以下。女の子の話で盛り上がっている友人たちを、しらーっと眺めていそう。そのわりに、理想は高いタイプです。

## 「クレバー」な夢見がち屋

♍

**●「クレバー」さんの弱点は？**

……人の悩みには前向き、自分の悩みには底なしのマイナス思考。

**●「クレバー」さんは恋愛するとこんな感じ**

……相手を分析しすぎて、嫌われる。

**●「クレバー」さんの金銭感覚**

……ケチではないけど、お金の使い方は計画的。

**●「クレバー」さんのキレる瞬間はココ**

……鋭い感性で相手のウソを見破ったときは、さあ大変。

**●「クレバー」さんが芸能人じゃなかったら？**

……弱者を助ける弁護士先生。

# 「クレバー」さんの代表

# 【松本潤】

大胆不敵でシニカル、まさにまつじゅんはテレビから受ける印象どおりの性格といえるでしょう。愛想がよく機転もきくため、周囲が求めていることを瞬時に察知し、ときにはおちゃらけたことをしたりもしますが、すべて計算ずくです。

観察力があり、細かいことにも目がいくので、基本的には気づかいのできる人ですが、少々せっかちなところが難点といえるでしょう。言動が遅い人に対して、イライラしてしまうことがあります。口には出さないけど態度に出てしまうため、周囲の空気をピリピリさせてしまうこともありそう。

恋愛においても、その冷静さは変わりません。やさしくエスコートできるので、モテるタイプではありますが、恋愛にのめり込むことは少ないでしょう。ただ、「恋はいつでもロマンチックに」がモットーなので、相手を観察してはどうすれば喜ぶか、つねにシミュレーションしています。

## 【国分太一】

国分くんは「クレバー」タイプの典型。他人にやさしく自分に厳しい性格です。感情が細やかで几帳面なので、家族や友人が悩んでいるとすぐに気づき、相談にのってあげます。周囲の人たちを優先して、自分のことは後回し、なんていうことも多そう。

そんな国分くんですが、恋愛に関しては用心深いところがあります。「あまりガツガツいくと嫌われるかも」などと勝手に相手の心中を付度して、自分の気持ちを押さえてしまいます。

## 【渋谷すばる】

負けず嫌いだけど、争いを好まない渋谷くんは、一見つかみどころのないタイプ。大変なことがあっても顔には出さず、ポーカーフェイスで乗り切ります。現実主義者で努力家ですが、うまくいかないと、1人で抱えてしまい、かなりナーバスになって孤立してしまう傾向が。

そんな渋谷くんですが、意外にも女性には独占欲を発揮します。なかなか振り向いてくれない相手に注目してもらうために、大袈裟に自分をアピールすることも。

## 【中丸雄一】

温和でのんびり屋さんに見られがちな中丸くんですが、頭の回転はすこぶるはやいタイプです。どんなことも計画的に、手堅く、器用にこなします。「はやくできる」「上手にできる」などのコツをつかむのも大の得意。ただ、いったんコツをつかんでしまうと、その後は努力をしなくなるのが難点といえるでしょう。

あまりベタベタせずに友だち関係のような恋愛を好む中丸くん。グループ交際から恋がはじまることが多いタイプです。

## 【安田章大】

表面的にはナイーブで博愛主義の安田くん。協調性があるといえば聞こえはいいですが、誰に対してもいい顔をしてしまいがち。

しかし、いざとなると他人の意見に流されない芯の強さを発揮します。じっくり考えて行動するわりには、お金にはルーズという「クレバー」さんにはあまりいない金銭感覚の持ち主。

そんな安田くんは、恋愛にはかなりオクテです。打ち解けるまでに時間がかかるため、なかなか恋愛関係に発展しません。

## 【北山宏光】

北山くんは「クレバー」さんのなかでも希有な性格といえるでしょう。計算高い人が多いのに、北山くんは無邪気で純粋。神経質でマイナス思考の人が多いのに、北山くんは楽観的。とはいえ、ときどき「クレバー」さん特有の気配り上手や思慮深さを発揮します。

恋愛においても、やはり「クレバー」さんの基準からズレている北山くん。相手を分析するどころか、あまりにもお人好しすぎて、相手の女性に利用されてしまうタイプです。

## 【宮田俊哉】

ふだんは慎重で穏やかな性格の宮田くんなのですが、感情が不安定になりがちな傾向があります。そんなときは、衝動的で傲慢な性格が表面化してしまいそう。後者の宮田くんになることはそれほど多くはありませんが、忙しい日々が続いたりしたときは危険です。

宮田くんは恋に恋するタイプ。頭のなかでのシミュレーションは完璧だけど、実際に行動に移しても、相手の反応に対してオロオロしてしまい、想像どおりにはいかないでしょう。

## 【桐山照史】

エネルギッシュで几帳面、タフでキレイ好き、好き嫌いが激しい……。桐山くんはいろいろな面において、振り幅が大きい性格といえます。元気なときと落ち込んでいるときの落差も激しそう。

恋愛に対してはとてもせっかち。じっくり愛を育むということがなかなかできず、すぐに相手に返答を求めてしまいます。ただ、精神的に少々不安定で危ういタイプなので、精神的な支えとしてもできるだけ結婚ははやいほうがいいかも。

## 【重岡大毅】

現実的で客観性に富む「クレバー」さんには珍しく、想像力が豊かで、直情的な重岡くん。クリエイティブな才能にも恵まれていますが、なにかに夢中になると自分の世界にとじこもってしまうところがあります。そんなときは、周囲を振り回してしまいがちなので気をつけて。

性格的には気さくで親しみやすく、男女問わずに友だちは多いでしょう。ただし、恋愛対象となると結構好き嫌いがはっきりしているタイプです。

## 【佐藤アツヒロ】

冷静だけど、陽気で素直な面をあわせもつあっくん。頑固なところがあるので、反論されるとつい理詰めで反撃し、相手を辟易させてしまうこともありますが、こてんぱんにやっつけることはありません。必ず相手に逃げ道を用意してあげるやさしさが、あっくんの長所です。

愛情豊かなタイプなので、恋人のわがままもある程度は聞いてあげますが、面倒くさくなるとなにもいわずに距離をとりはじめ、恋人を不安にさせてしまいます。

## 【内博貴】

探究心が人一倍強い内くんは、自由に自分の道を模索したいタイプです。真面目で実行力もあるので、かなりの確率で夢を実現することができるでしょう。ただ、ときどき高慢な態度を取ってしまい、周囲からヒンシュクを買ってしまうことがあるので要注意。

内くんは明るく社交的な性格なので、恋愛面も充実していそう。自己中で理屈っぽい部分を抑え、穏やかな部分を前面に出せば、こちらもかなりの確率で好きな女性をゲットできそう。

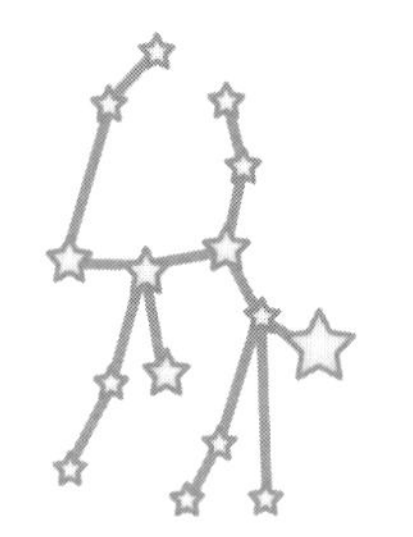

# 人あたりのいい「ナルシスト」

●「ナルシスト」さんの弱点は？
……フレンドリーだけど、空気を読むのがヘタ。

●「ナルシスト」さんは恋愛するとこんな感じ
……デートは楽しいけど、1人の時間も大切。

●「ナルシスト」さんの金銭感覚
……衝動買いで、年中金ケツ。

●「ナルシスト」さんのキレる瞬間はココ
……変化のない日々が続くと、さあ大変。

●「ナルシスト」さんが芸能人じゃなかったら？
……斬新なアイデアが自慢の建築家。

# 「ナルシスト」さんの代表

# 【生田斗真】

生田くんは常識の範疇に収まらない、自由な考えの持ち主。悪気はないのですが非常識なことをしてしまい、年上の人からは礼儀作法についてあれこれ注意を受けることが多そう。

ただ、自分なりにじっくりと考えたうえでの行動であり、反抗したいといった意識での言動ではありません。そのため、注意されれば「なるほど」と聞き入れる素直さを持っています。

また、型にはまらないうえに豪快な生田くんは、チャレンジ精神や知識欲も旺盛です。理想が高く、それに自分を近づけようとする努力は惜しみません。

恋愛に対しても理想が高い生田くんですが、自分に対する関心に比べて女性への情熱には少々乏しそう。自分を高めることに一生懸命で、恋愛にさく時間やエネルギーがあまりないのかもしれません。

彼女からの連絡が少しずつ減っても気づかず、自分から連絡しようともせず、いつの間にか自然消滅……といったケースも。

## 【長野博】

フレンドリーで気づかいができる長野くんは、誰にでも好かれるタイプ。そのフレンドリーさが馴れ馴れしいと受け取られてしまいがちな「ナルシスト」さんですが、長野くんの場合は奉仕の精神が強いせいか、プラスに取られることが多いようです。

多趣味で社交的なので、恋愛面での出会いにもこと欠かないでしょう。心配性な一面が出すぎてしまうと、相手にウザがられてしまうので要注意。

## 【今井翼】

お茶目で明るく、お祭り好きの翼くん。なにかしていないと落ち着かないため、1つのことをやり遂げても、休む間もなく次のステージを目指します。そのチャレンジ精神と努力は、なかなかのものです。

前向きな性格は恋愛にもいかされています。好きな相手には素直に気持ちを伝えるし、フラれたとしてもすぐに気持ちを切り替えます。ただ、人に甘えるのが苦手なので、精神的に疲れてくると、自分の殻にとじこもってしまいそう。

## 【上田竜也】

上田くんは多くの人のイメージどおり、口ベタで人と打ち解けるのに時間がかかるタイプ。独特のセンスを持っているので、周囲から理解されにくい部分はありますが、時間をかければ大丈夫。やさしく、おおらかでロマンチストな愛すべき性格です。

流行に敏感なので、女性が好みそうなものをちゃんとリサーチしていますが、チャンスをつかめず、いかせないことが多いかも。でも、そのセンスに惹かれる女性は多いでしょう。

## 【河合郁人】

変化を好む「ナルシスト」さんですが、河合くんは平凡で変わらない毎日を望む性格のようです。これまたこのタイプには珍しく空気を読むのも得意。先回りして周囲に合わせるため、機転がきいて包容力のある人という印象を与えます。

極端に傷つくことを恐れているせいか、恋愛には臆病になりがち。疑い深いところがあるので、思いが通じても、ときおり不安になり、なにかとさぐりを入れる態度を取ってしまいます。

## 【中間淳太】

明るくておしゃべりな中間くんは場を盛り上げるのが得意なタイプ。流行には敏感で、ファッションやインテリアなど、すぐに新しいものに飛びつきますが、飽きてしまうのもはやいでしょう。また、好奇心旺盛で茶目っ気があるので、年上の人にかわいがられるタイプといえます。

自分の魅力を熟知しているので、比較的簡単に恋は成就するはず。ただ中間くんの場合、成就する以前の、相手との駆け引きを楽しむタイプです。

## 【東山紀之】

精神的にも肉体的にも、自分自身をコントロールでき、律することが得意な東山くんなので、周囲の人からは尊敬のまなざしを向けられることが多そう。ただ、他人から同じことを強いられると、とたんにストレスを感じて、すべてを放り投げてしまいます。

それほど恋に重きを置いておらず、知り合ってから、恋愛感情を抱くまでには時間がかかりますが、激情的な一面もあるため、好きになったら一途に、一直線に突き進むタイプです。

# 「クール」な粘着質

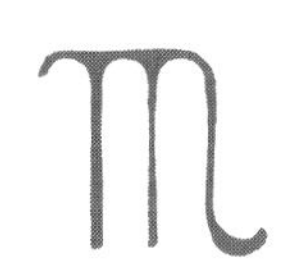

**●「クール」さんの弱点は?**
……孤高の存在は、弱みを見せずにドツボにはまる。

**●「クール」さんは恋愛するとこんな感じ**
……最初は慎重、しだいにフリーダム。

**●「クール」さんの金銭感覚**
……お金への執着心を隠さない。

**●「クール」さんのキレる瞬間はココ**
……能力があるのに適当にやっている人を見たら、さあ大変。

**●「クール」さんが芸能人じゃなかったら?**
……パーフェクトな仕事をする検事さん。

## 「クール」さんの代表

# 【木村拓哉】

完璧主義者でプライドが高く、夢を手にするためには努力を惜しまない。繊細で几帳面で傷つきやすい。慎重で計画的で気配り上手……。木村くんは、まさに「クール」さんの典型といえるでしょう。

どんなことにも手を抜かずに全力投球するため、ときどき自分自身の性格に疲れてしまうこともありそう。同時に、他人にも自分と同じように完璧を求めてしまうので、周囲の人たちも疲れさせてしまうことがあるでしょう。そういう面しか知らない人からは横暴という印象を持たれがち。

恋愛に対しても浮ついたところがないため、女性からは誠実な人と思われることが多いタイプです。もちろん、浮気をすることはありませんが、もし他に気持ちが向いてしまったら、浮気ではなく本気になっています。

また、あまり人には見せませんが、寂しがり屋の一面がある木村くん。大切な人にはそんな弱いところもさらけ出しそう。

## 【城島茂】

城島くんはガッツの人です。夢中になりすぎると、周りが見えなくなってしまうという難点はありますが、それは強みでもあります。困難にぶつかっても「悩むヒマがあったら、とにかく動け！」とばかりに走り続ける城島くん。その反面、プライベートでは大きな変化を嫌い、安定した生活を確保するための労を惜しみません。

そんな城島くんなので、結婚願望は強いほうですが、ベッタリとした関係は好まないタイプです。そのため、精神的に独立した女性を選びそう。

## 【長瀬智也】

人を寄せつけない雰囲気の人が多い「クール」さんのなかにあって、長瀬くんは飾り気のない、気さくな性格の持ち主です。一見、軟弱な印象を与えがちですが、芯が強く、逆境にも強いタイプ。人を信用しやすいお人好しの面もありますが、肝心な部分では野生の勘が働くのかダマされることはないでしょう。

オープンマインドで誰にでも気軽に声をかけられる長瀬くんは、好きな女性からも恋愛対象というより、お友だちという認識を持たれやすいタイプです。

## 【岡田准一】

いつも冷静で、自分の意見をはっきりと周囲に伝える岡田くんですが、見た目とは裏腹に心のなかはかなり情熱的なタイプ。意外に直感で行動することが多く、ときどき感情の抑制がきかなくなることもありそう。クールな性格が一転するため、周囲はビックリです。

恋愛にも情熱的な部分がおおいに発揮されます。穏やかな恋よりも、困難な恋により惹かれる傾向があり、そんな恋愛に陥ると大変です。ふだんは隠している無秩序、利己的な部分が表面化してしまう可能性が。

## 【錦戸亮】

自分の世界観を確立している錦戸くんは、どちらかといえば1人で行動することが好きなタイプ。自分と自然と自由を愛し、思うがままダイナミックに行動する錦戸くんを、変わった人、自己中心的な人と感じる人は多いでしょう。しかし、そんな周囲の反応にも、錦戸くんは無頓着です。

「好きになった人がタイプ」という性格の錦戸くんなので、恋愛に対してもかなり自由な考えの持ち主。年齢はもちろん国籍も問いません。

## 【戸塚祥太】

絶対に達成したい目標に関しては、綿密な計画を立ててから取り組むタイプの戸塚くん。奇抜な言動で知られてはいますが、持続力はピカイチです。反面、若干瞬発力に欠けるため、短時間で解決しないといけないトラブルには弱いタイプ。

好きな女性には誠実に接するので恋は長続きします。恋愛には優柔不断な面が出てしまいますが、ふだん自己主張がはっきりしているだけに、ギャップ萌えとして受け取ってもらえそう。

## 【手越裕也】

根は温かくてまっすぐな性格の手越くん。ただ、慎重な人が多い「クール」さんには珍しく、細かいことを気にしません。そのため、直感的な思いつきで深く考えずに発言してしまうことが多く、周囲に誤解を与えやすいタイプといえるでしょう。

恋愛も直感を信じるタイプ。熱しやすいので、恋に落ちたら盲目的に勢いよく突っ走りますが、自分の熱が冷めたり、逆にフラれたりと、かなり短いスパンでの恋愛を繰り返しそう。

【佐藤勝利】

直感力にすぐれた佐藤くんは、巡ってきたチャンスを見逃さずに、きっちり手にするタイプ。完璧主義者ゆえに失敗を恐れる傾向はありますが、その性格のおかげで分析力や計画性が磨かれ、より成功へと近づくのです。

恋愛にのめり込みやすいタイプの佐藤くん。自分ではスマートな恋愛を心がけているつもりでも、わりと感情が表に出てしまい、考えが筒抜けになっていることがありそう。そんな佐藤くんを「かわいい」と思う女性は多いでしょう。

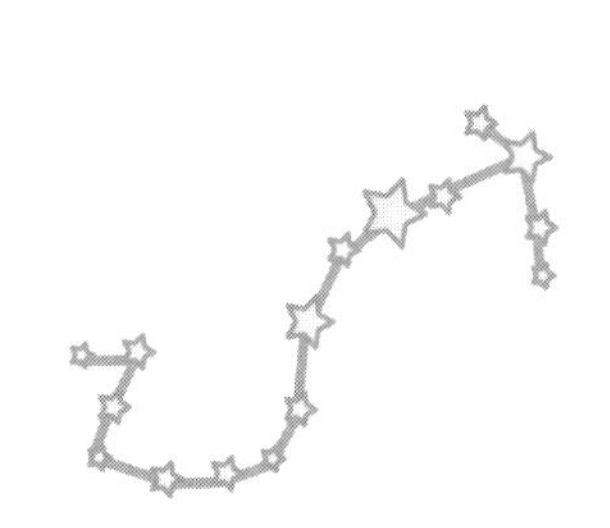

## でしゃばりな
# 「オプティミスト」

**●「オプティミスト」さんの弱点は？**
……瞬発力はあるけど、持続力に欠ける。

**●「オプティミスト」さんは恋愛するとこんな感じ**
……愛情深いけど、それほど固執しない。

**●「オプティミスト」さんの金銭感覚**
……即断即決、高い買いものにも躊躇なし。

**●「オプティミスト」さんのキレる瞬間はココ**
……上から目線であれこれいわれたら、さあ大変。

**●「オプティミスト」さんが芸能人じゃなかったら？**
……スクープをすっぱ抜く敏腕記者。

# 「オプティミスト」さんの代表

# 【大野智】

大野くんは、多くの人が思っているとおり、穏やかで鋭い感性の持ち主です。

話し方や立ち居振る舞いに落ち着きはありますが、本来はじっとしていることが苦手なタイプ。1人であちこち出歩くフットワークの軽さはピカイチです。また交友関係も広く、誰とでも分け隔てなくつき合うことができます。

トラブルが発生すると持ち前のユーモアセンスで場を和ませようとはしますが、自分が中心になって根本的な問題を解決するのは苦手。そして、なかなかトラブルが収まらないと、面倒くさいと投げ出してしまう忍耐力のなさは、まさに「オプティミスト」さんの典型といえるでしょう。

失恋すると長期間引きずってしまいがちな大野くん。そのせいか、恋愛には少々ナイーブで臆病になってしまうタイプです。ただ、情熱的な一面もあるため、持ち前の自己アピール力を発揮して、相手にぶつかります。

## 【稲垣吾郎】

世間体を気にしないタイプの稲垣くんは、突飛な行動に出て周囲をビックリさせることが多い性格です。「常識ってなに?」という考えの持ち主で、少々うぬぼれ屋さんでもありますが、ずい所で見せる稲垣くんの判断力には、周囲も一目置いていそう。

「自由」「最新」「流行」が大好きな稲垣くんは、恋愛に対しても同じスタンス。1人の人と深い恋愛をするよりも、たくさんの人と、気楽なつき合いがしたいと考えているタイプです。

## 【丸山隆平】

ちょっと抜けていて、おっちょこちょいなイメージのある丸山くんですが、実は聡明でナイーブな性格。誰かの些細な一言で傷ついてしまうこともありますが、基本的に人のよい面に目を向けるタイプなので、「悪気はなかったはず」とすぐに立ち直れるところは最大の長所です。

社交性があり、どんな人とでもすぐに仲良くなれるので出会いは多いのですが、共通の趣味を持つ男友だちとの付き合いに、より楽しみを感じるタイプです。

## 【田口淳之介】

いつもニコニコしている田口くんは、やさしく寛大な性格。とはいえ、自分の信念は大切にしているので、そう簡単に周囲の意見に流されることはありません。そして、ときどき突飛な行動に出ることがあるため、とらえどころのない人という印象を持っている人も多そう。

田口くんはバランス感覚にすぐれているので、仕事や恋愛、自分の時間と、上手にやり繰りすることができます。仕事が忙しくても、2人の時間を作ってくれそう。

## 【塚田僚一】

人から指図されるのが大嫌いな塚田くんは、リーダーの資質を持っています。猪突猛進で冒険好きな性格は、みんなを引っ張ってくれる力強い存在。その勢いが強いがゆえに、周囲を振り回しがちですが、実は計画性があってそれほど大きな失敗をするタイプではありません。

ところが、恋愛になるとふだんの勢いはどこへやら、とたんにヘタレに変身。相手の気持ちあっての恋愛は計画どおりにいかない、というのが大きな理由のようです。

## 【濱田崇裕】

エネルギッシュで勝ち気な濱田くんは、失敗を恐れずに新しいことに挑戦できる、たくましい性格の持ち主です。基本的には失敗しても笑い飛ばしてしまうほど楽観的ですが、気分にムラがあり浮き沈みは激しそう。落ち込んだときは、どんなに周囲の人が励ましても、まったく耳を傾けず自分の世界に閉じこもってしまいます。

恋人の性格によって、ときには甘えん坊になったり、支配したくなったりするタイプですが、根はとても愛情深い人です。

## 【八乙女光】

ものごとに無頓着な人が多い「オプティミスト」さんには珍しく、繊細で慎重な八乙女くん。負けず嫌いのせいか、人一倍の努力で、困難を乗り越えていきます。理想と現実のバランスがとてもよく、ひらめきや想像力にあわせて、それらを具体化する能力にも長けています。

愛想がいいのでモテるタイプではありますが、少々気分屋なところがあり、自分の世界に入ってしまうと、彼女が隣にいても無視して空想に没頭してしまいそう。

## 【知念侑李】

グループ内でも運動神経のよさはダントツの知念くんですが、そのずば抜けたすばしっこさは運動だけでなく、チャンスを逃さないという意味においてもしっかり発揮されます。

ふだんは温和でかわいらしい感じですが、実は恋愛に対しては意外に肉食男子。恋愛感情には素直で、言動も積極的です。自己分析も的確で、自ら積極的にアプローチをするし、自分の魅力を最大限に利用する、口説き上手といえるでしょう。

## 【松島総】

真っ直ぐな性格の松島くんは、少々ケンカっぱやい傾向があるようです。プラス思考で行動的な松島くんを頼りにしている人は多く、味方にしたらとても心強い存在。ただ、反対に敵に回したら、皮肉屋でカッとなりやすい性格にやり込められてしまいそう。

恋愛にも真っ直ぐなので、一度好きになったら、相手に猛アタックを開始しますが、つき合いはじめたとたん、適度な距離感のある、フレンドリーな恋愛にシフトチェンジします。

# 嫉妬心を燃やす「リアリスト」

●「リアリスト」さんの弱点は？
……粘り強いけど、スタートが遅れて追いつけず。

●「リアリスト」さんは恋愛するとこんな感じ
……気持ちをうまく伝えられずにカラ回り。

●「リアリスト」さんの金銭感覚
……1円単位までワリカンにする堅実派。

●「リアリスト」さんのキレる瞬間はココ
……答えを急かされたら、さあ大変。

●「リアリスト」さんが芸能人じゃなかったら？
……汗水流して人ために働く農家さん。

# 「リアリスト」さんの代表
# 【相葉雅紀】

オシャレセンスがバツグンの相葉くんは身なりを着飾るのは好きですが、性格的には装うことのない正直者。協調性を重んじすぎて、ときどき自分の意思ではなく、周りの空気に流されてヘンなことをしでかし、お調子者のレッテルを貼られてしまうこともあるでしょう。

こだわる部分と適当な部分の差が大きいのも相葉くんの特徴です。お金に関しては、「リアリスト」さんにあるまじき執着心のなさで、気前よく友だちや後輩におごります。そんな性格は慕われる反面、「よっ、大蔵省」などとおだてられて、相葉くんのお財布を目当てに食事に誘ってくる人もいそう。

どちらかといえばシャイなので、自分からアプローチすることは少ない相葉くん。ただ、オシャレセンスに惹かれて近寄ってくる女性は多いようです。どんなに押されても相手の気持ちに流されずに、自分の気持ちに正直になれればよい恋愛に恵まれるでしょう。

## 【山口達也】

テレビで見せるイメージどおり、山口くんはとてもやさしく、気配りができるタイプです。頭の回転がはやいので、先回りして相手の気持ちを察知し、相手がしてほしいと思うことをやってあげるので、信頼はかなり厚いといえます。

人一倍の包容力で女性を惹きつける山口くんですが、恋愛すると少々支配的になってしまう傾向があります。「守ってあげたい」という気持ちが先走ってしまうのが大きな理由ですが、あまりにもその気持ちが強すぎると、「重い」と距離を置かれてしまうことも。

## 【松岡昌宏】

松岡くんは「リアリスト」さんにはあまりいない夢想家タイプ。頭のなかにはいつも理想的な夢の世界が広がっています。特に嫌なことがあると、現実逃避するかのように妄想の世界に逃げてしまいがち。

理想主義者の松岡くんは、恋人に求めるものも大きそう。自分の物差しで、ものごとをはかってしまうことが多いので注意が必要です。相談するというよりも、一方的に自分の価値観を押しつけてしまい、相手を嫌な気分にさせてしまう結果に。

## 【堂本光一】

コミュニケーション能力があり臨機応変に対応できる堂本光一くん。にもかかわらず、それが発揮されるのはある程度親しくなってからのようです。最初は他人との距離感がはかれず、よそよそしい態度を取ってしまうため、暗くて気難しい人という誤解を与えてしまいます。

恋愛には消極的で、自分からアプローチをすることは少ないでしょう。恋をしても自分の気持ちを素直に表現できず、配慮に欠ける言動を取ってしまいがち。

## 【内海光司】

いつまでも子どもの心を持ち続ける内海くんは、よい意味でいえばとても純粋な人です。ただ悪く出てしまうと、大人の対応ができずに、ものごとになんでも白黒つけたがり、その結果として無意識に相手を傷つけてしまうこともあります。

デリケートな性格なので、勢いで告白して見事に玉砕、なんていうことはありません。意外にそのへんは心得ているのと、直感が鋭い内海くんなので、告白どきはしっかりと押さえていそう。

## 【中山優馬】

保守的な「リアリスト」さんのなかにあって、中山くんの向上心の高さはなかなかのものです。ただ、基本的に慎重で、決して無理はしない性格なので、着実に夢を叶えます。

恋愛においてもその性格は変わりません。しっかりと段取りを考えて相手に気持ちを伝えるので、成功率は高いでしょう。1つ難点をあげるなら、秘密主義なところがあるので、つき合い出してから相手に不安を抱かせてしまう場面が多そう。

# 「ミステリアス」な
# 新しいもの好き

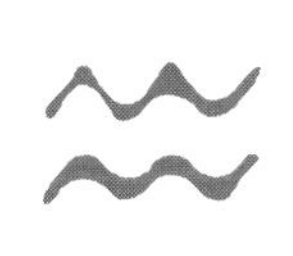

**●「ミステリアス」さんの弱点は？**

……夢は叶えたいけど、我慢するのは苦手。

**●「ミステリアス」さんは恋愛するとこんな感じ**

……恋に落ちたら、即プロポーズ。

**●「ミステリアス」さんの金銭感覚**

……シビアだと思っているのは自分だけの浪費家。

**●「ミステリアス」さんのキレる瞬間はココ**

……自分は疑い深いのに、自分が疑われたら、さあ大変。

**●「ミステリアス」さんが芸能人じゃなかったら？**

……好きなことだけに打ち込む職人さん。

# 「ミステリアス」さんの代表

# 【櫻井翔】

細かいことにはこだわらないし、少々のことでは動じずに、でんと構えている櫻井くんは、おおらかで頼りがいのあるタイプです。

探究心も旺盛で、なにごとにも一生懸命ではありますが、せっかちなところがあり、すぐに結果を求めてしまう早計さがたまにキズ。

意外に秘密主義な一面があるので、ときどき「この人、いったいなに考えているんだろう」と思われてしまうことも。実際にはなにも考えていないことが多いのですが、日頃見せる鋭い直感力や洞察力が、周囲にそのような印象を与えてしまうのかもしれません。

恋愛にのめり込むタイプではありませんが、つき合うたびに結婚を意識してしまうタイプです。そのため、好きな女性ができたら、真剣に交際をスタートさせます。そして「この人と一緒に暮らしたら」とか「子どもができたら」などと、空想にふけっては楽しんでいそう。

## 【香取慎吾】

香取くんは無邪気で少々気が短いタイプ。喜怒哀楽が激しく、それをいちいち大袈裟に表現するので、わかりやすい人と思われがちですが、実際には本音を打ち明ける相手はそれほど多くはありません。つまり、ふだんは本当の自分とは違う自分を演じていることが多いのです。

そんな香取くんは、恋愛でも無邪気さをアピールして、女性にリードしてほしいタイプ。恋人には献身的に自分に尽くしてくれる人を選んでいそう。

## 【村上信吾】

理想が高く負けず嫌い、どんなことでも強い意志でやり遂げる……、そんな性格の村上くんは、他人の存在や、周囲の評価にはほとんど頓着せずに、自分との戦いに集中するタイプです。少々反抗的な面があるので、「常識」とか「一般論」などという言葉では説得されません。

その反面、家族や友人、恋人など、近しい人に対する愛情は人一倍。ふだんは人の意見に左右されることはありませんが、家族の言葉には素直に耳を傾けます。

## 【藪宏太】

しっかり者で頼りがいのある人と、周囲から思われがちな藪くんですが、実は少年の心を持った天真爛漫な性格の持ち主。でも、世話好きな一面もあるので、グループでの立場上、お兄さん的な役割も難なく、きちんと演じることができます。

プライベートな恋愛となると、素の自分が出てしまうのか、相手に無償の愛を求めてしまいそう。一途で熱しやすく冷めにくい性格なので、一度恋に落ちたら長続きするでしょう。

# 他力本願な「ロマンチスト」

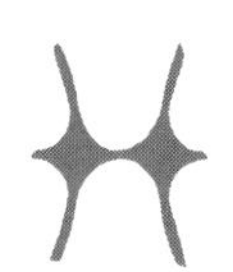

**●「ロマンチスト」さんの弱点は？**
……輪の中心にいたいけど、お膳立てが必要。

**●「ロマンチスト」さんは恋愛するとこんな感じ**
……夢見がちで、少女マンガのヒーロー気取り。

**●「ロマンチスト」さんの金銭感覚**
……月々のおこづかいは3日で使い切るけど、その後は慎ましく。

**●「ロマンチスト」さんのキレる瞬間はココ**
……お調子者で調和を乱す人を見つけたら、さあ大変。

**●「ロマンチスト」さんが芸能人じゃなかったら？**
……心やさしい介護士さん

# 「ロマンチスト」さんの代表

# 【玉森裕太】

イケメンなのに、どこか抜けていておっちょこちょい。そんな愛嬌のある性格で人気を集める玉森くんは、実際に裏表のない性格です。失敗すると一時的にものすごく落ち込みますが、すぐに忘れてしまう楽観的なところもあります。

いまどきの若者らしく、斜に構えて無関心さを装ったりもしますが、実は正義感が強く、意味なく他人を傷つける人を見ると、黙ってはいられません。そんな一面を見た人は、玉森くんを度胸のある人と評価しているでしょう。

恋愛にはひたむきで夢見がちなタイプです。少女マンガに出てくるようなヒーローに憧れていそう。

実際につき合い出すと、相手の気持ちを安心させることに尽力しますが、なぜかいい加減な発言をしたり、余計な一言で相手を傷つけてしまうことがあります。また、玉森くんのお金にルーズな面が出てしまうと、ケンカが絶えないかも。

## 【森田剛】

森田くんの性格を一言で表すなら「感受性が鋭い」。よくも悪くも人の目を気にするタイプです。向上心が高く負けず嫌い。でも根拠のない自信を持つタイプではないため、日頃から努力を惜しみません。また、人に注目されることは好きだけど、社交的というわけでもなさそう。

穏やかな恋愛を好む森田くんは、恋人や配偶者のいる女性には一切心を動かしません。清く正しくが、森田くんの恋愛におけるモットーといえるでしょう。

## 【亀梨和也】

見た目はクールで冷たい印象を与えることの多い亀梨くんですが、内なる情熱は並大抵ではありません。そのせいか、なにかに打ち込むと視野がせまくなりがち。また勘が鋭く、警戒心も強いため、そう簡単に人を信用しません。

恋愛についても慎重で、なかなか行動に移せない小心者の面が出てしまいそう。不安になってしまうと、つい相手に「俺のこと好き？」と確認せずにはいられないタイプなので、ウザがられてしまうことも。

## 【中島健人】

中島健人くんは「ロマンチスト」さんの典型。想像力がたくましく、美意識が高いのが特徴です。「ロマンチスト」さんは基本的にはマイナス思考で、空想の世界に生きる人が多いなか、中島くんは仕事柄、ただ想像するにとどまらず、それを現実にしてしまう力を身につけたようです。

恋愛面では、温厚だけど頑固。たいていのことは笑って許してあげられますが、これをされたら絶対に許さないというものを持っていそう。

## 【菊池風磨】

トップというよりも2番手、ムードメーカー的な役割の人が多い「ロマンチスト」さんですが、器用で、人を誉めるのが上手な菊池くんにはリーダーシップがあります。それは、人の下で働くのが苦手な性格にも一因があるのかもしれません。

サプライズ好きな菊池くんは、さまざまな趣向をこらして恋人を楽しませてくれます。受け身で穏やかな恋を好む「ロマンチスト」さんには珍しく、刺激的な恋に溺れるタイプです。

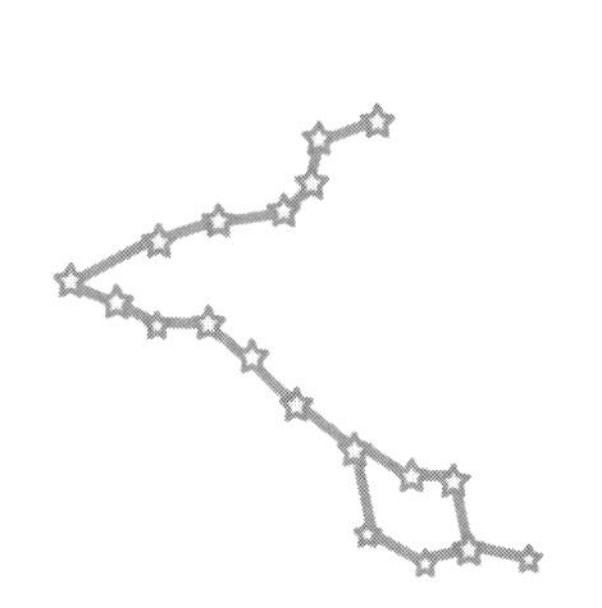

# 第2章

# ジャニーズグループの内情は？

# SMAP

## 占い 相関図

結成してから四半世紀を超えるSMAP。現在でこそメンバー同士、適度な距離感を保ちながら、バランスのよい関係性を築いていますが、もともとそれほどチームワークのよい組み合わせとはいえません。みんなプロ意識が強く、仲間というよりもライバルといった感じ。

ところが、つき合いが長くなるにつれ、互いを認め合うようになっていくタイプの人が多いのがSMAPの特長。どんどん歯車がかみ合っていくグループといえるでしょう。

# SMAPメンバーの相関図

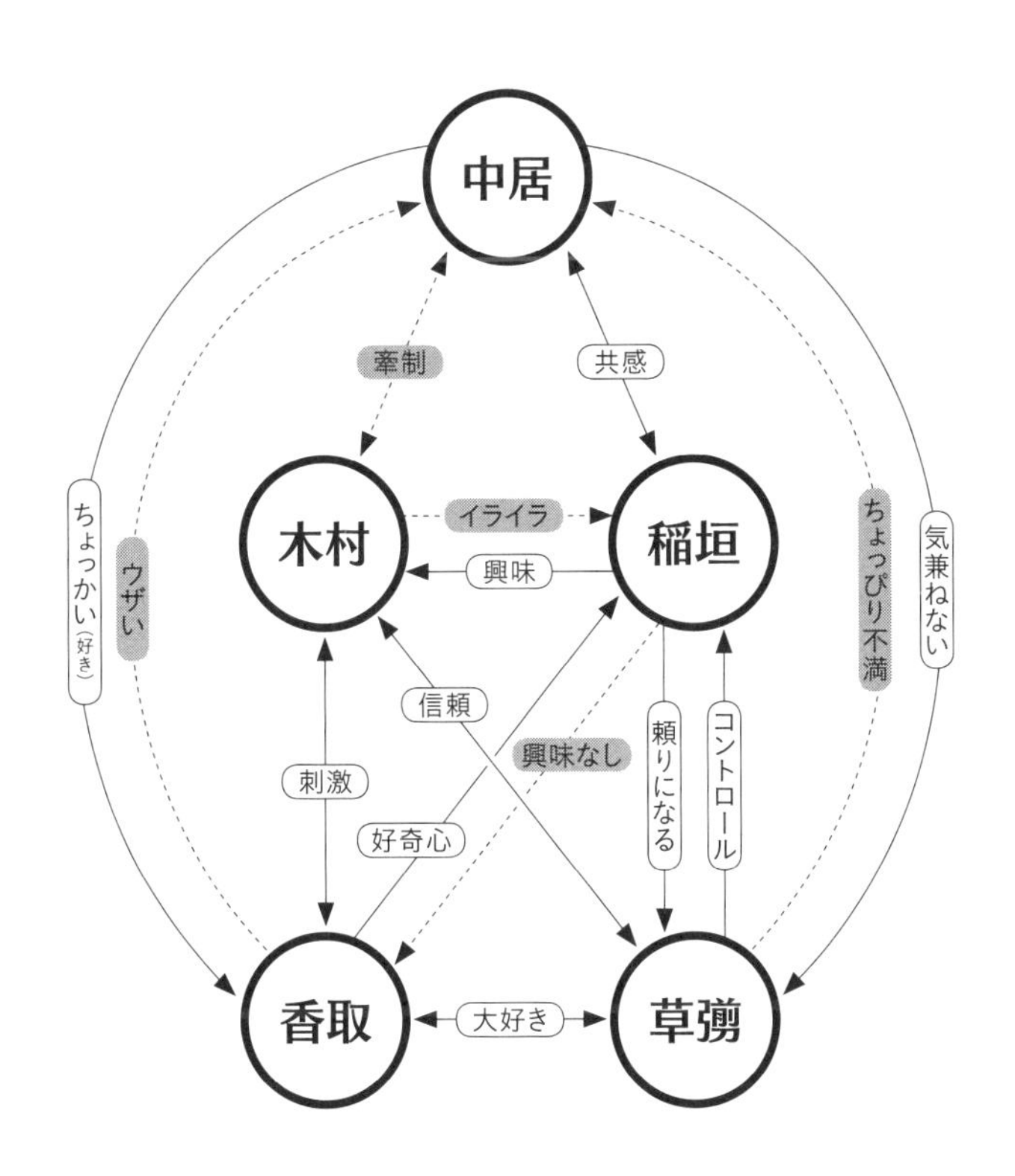


グループ活動の鍵

**中居くんと稲垣くんの歩調がキー。**

## 中居くんとSMAPメンバーの相性

中居くんともっとも相性がよいのは稲垣くんです。

2人ともとてもパワフルな性格の持ち主。この2人が持っているパワーの相乗効果で、これまでずいぶんグループの危機を救ってきたはず。中居くんと稲垣くんが同じ目標に向かって進み続ける限り、SMAPの人気が急激に落ちることはないでしょう。

中居くんと意外な相性なのが香取くんです。

無邪気で人懐っこい香取くんを中居くんがかわいがるという関係性は容易に想像がつきますが、実はその関係性は逆でちょっかいを出してもかまってくれない香取くんに、中居くんがさびしい思いをしたりイラついたりしていそう。そして、さらにしつこく絡んでくる中居くんを、香取くんはちょっぴりウザいと感じているかも。

## 木村くんとSMAPメンバーの相性

同じ年の木村くんと中居くんは正反対の性格です。決して相性がよい者同士ではありません。

お互いが牽制し合い、相手のパーソナルスペースに入るまでには相当時間がかかります。ただ、どちらも自分にも他人にも厳しいという特徴があるため、リーダー的立場になると個人的な感情は押さえて協力し合えます。

木村くんがなにかとイライラしてしまう相手が稲垣くんです。でも、そんな木村くんのイライラに気づかない稲垣くん。

稲垣くんの突飛すぎて行動が読めない点が、木村くんがイラついてしまう大きな要因ですが、だからこそこっそりと相手を観察しています。稲垣くんは木村くんに興味を持っているので、時間はかかりますが、結果的にはお互いに認め合い、とても親しい関係にもなれる相性です。

## 稲垣くんとSMAPメンバーの相性

稲垣くんと草彅くんは、互いのマイナス面を補い合える理想的な相性です。

自由奔放で冒険好きな稲垣くんに触発されて行動的になっていく草彅くんですが、実は堅実で保守的な草彅くんの性格が、協調性のない稲垣くんを上手にコントロールして、グループ内の調和を保っています。

稲垣くんと香取くんの相性は、香取くんの一方通行な思いのようです。

考え方が人とは異なる若干変わり者の稲垣くんに、香取くんの好奇心が多分に刺激されます。香取くんは兄貴的な存在として稲垣くんを慕っていますが、稲垣くんのほうはそれほど香取くんには関心がない様子。邪険にはしませんが、特にかわいがるということもないでしょう。

## 草彅くんとSMAPメンバーの相性

中居くんと木村くん、年上2人と草彅くんの相性は結構いい感じです。

木村くんは完璧主義すぎるところが、草彅くんは人に合わせすぎてしまうところが原因で、自分自身に疲れてしまうタイプ。がんばりすぎてストレスを抱えやすい点が非常に似ている2人なので、比較的信頼関係は築きやすいといえるでしょう。

また、すぐに人の目を気にして萎縮してしまう草彅くんにとって、我が道をいく真逆の性格の中居くんは尊敬の対象。とはいえ、あまりにも自由でわがままな中居くんに、草彅くんが不満を抱くことも当然あるはず。

中居くんと草彅くんが円満な関係を築けるかどうかは、草彅くんがどこまで中居くんを受け入れられるか、その寛大さがカギになりそうです。

## 香取くんとSMAPメンバーの相性

お互いになにを考えているのか、さっぱりわからない者同士の木村くんと香取くんですが、相性は悪くはありません。

最初は無関心を装いますが、なぜか互いに気になる存在。表立って仲良しという関係にはなりにくいのですが、心のなかでは相手の動向に刺激され、密かに「負けずに頑張ろう」と奮起し合える関係といえるでしょう。

草彅くんと香取くんの相性はテレビで見る印象どおり、お互いに大好き同士です。

ただ、好きという意味に若干の差があります。草彅くんは自分にはない香取くんの明るさに「憧れ」のような感情を抱いているけれど、香取くんは草彅くんに対して「気の許せる相手」という、対等な感情を抱いているようです。

# TOKIO

## 占い 相関図

感情が細やかなタイプが多いＴＯＫＩＯはグループ仲もよく、和気あいあいと活動をしています。口に出さなくとも、なんとなくみんなの足並みが揃う相性です。

ただ、５人ともに競争意識が低いため、得てして馴れ合いの関係になってしまいがち。もう少しチャレンジ精神を持っていろいろなことに挑戦することで、さらにグループは飛躍できるはずです。

# TOKIOメンバーの相関図

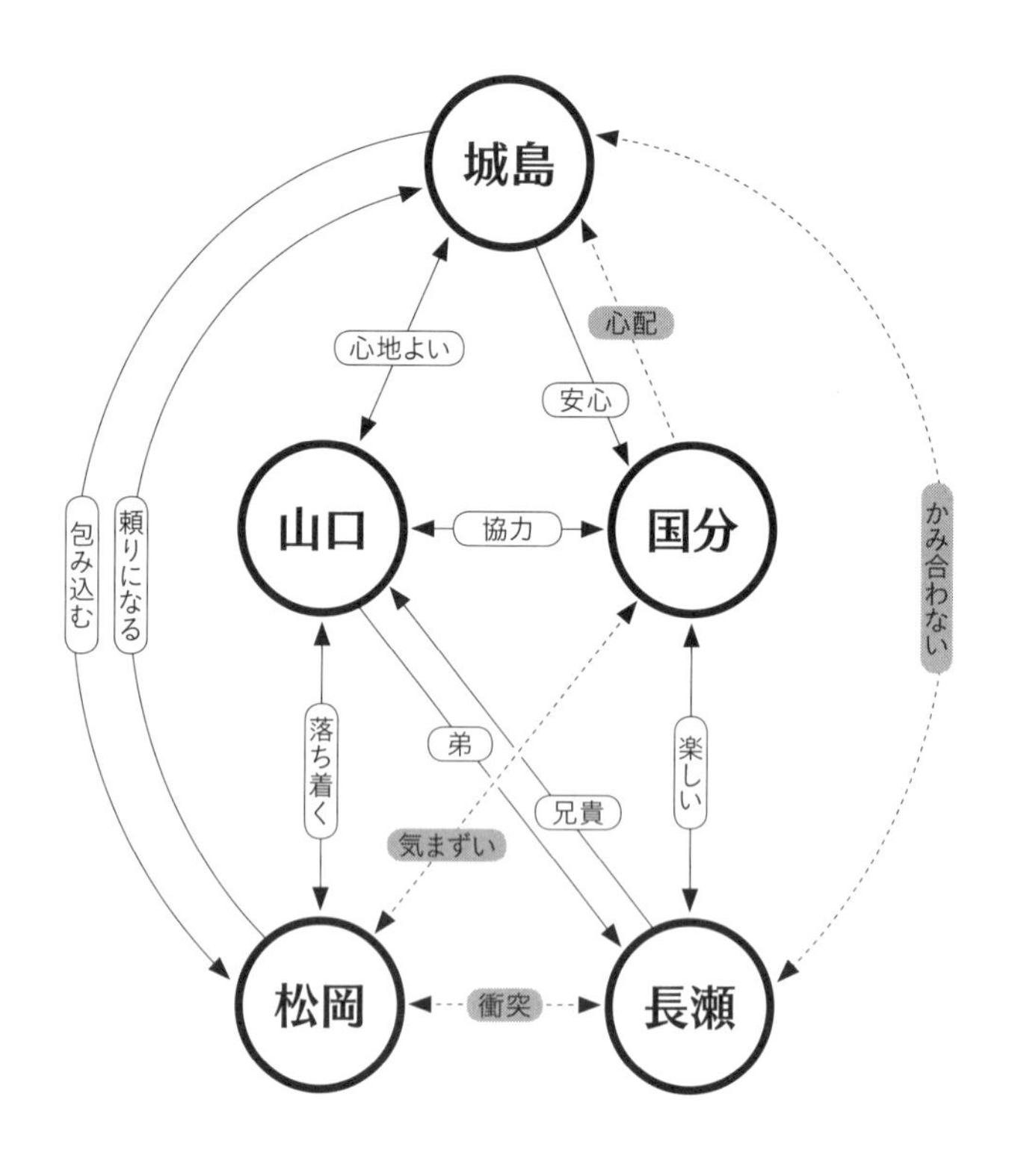


## グループ活動の鍵

**山口くんと国分くんが保つTOKIOの調和。**

## 城島くんとTOKIOメンバーの相性

年上組の城島くんと山口くんはとてもペースが似ています。そのせいか、気も合うし、一緒にいて心地よい相性といえるでしょう。ときに暴走しがちな城島くんを、隣で山口くんがフォローするという関係性は昔から変わらないはず。

しっかり者の松岡くんが、ちょっと抜けている城島くんを助けているような印象を持つ人は多いかもしれませんが、実はそんな松岡くんをさらに大きな心で包み込み、松岡くんのよい部分を引き出しているのが城島くんです。

## 山口くんとTOKIOメンバーの相性

TOKIO内の調和はこの2人によって保たれているといってても過言ではないくらい、山口くんと国分くんの相性はバツグン。トラブルを解決したり、場を盛り上げたり、気配り上手な2人だからこそ、協力して周囲の様子を見ながら、よりよい雰囲気作りができます。

テレビで見る関係性どおり、しっかり者の兄貴・山口くんが、やんちゃな弟・長瀬くんをやさしく見守る相性です。ただ、シャイな一面を持つ山口くんが、オープンで飾り気のない長瀬くんに助けられている面も多々あります。

## 国分くんとTOKIOメンバーの相性

国分くんは、がんばりすぎる城島くんにとってのブレーキ役。城島くんが倒れる寸前に国分くんが助けたことも多いはず。逆にふだんは慎重な国分くんが、なぜか城島くんと一緒だと大胆な行動に出られるという、とてもバランスのよい相性です。

同じようにバランスがよい相性なのが長瀬くん。2人で話しているだけでお互いに元気になれます。

波長が合うのか、長瀬くんと一緒だと国分くんのおもしろさが倍増します。本来は親しくなりにくい相性なのですが、年齢の差がプラスに働いていているようです。

## 松岡くんと TOKIOメンバーの相性

松岡くんにとって一緒にいると落ち着く相性なのが山口くん。山口くんと一緒だとまったりしてしまい、仕事モードになりにくいという難点はありますが、忙しい芸能活動を乗り越えられた要因は、お互いの存在によるところが大きいでしょう。

逆になんとなく居心地が悪いのが国分くん。メンバーと一緒だと気軽に話せますが、2人になるとなぜか話題が見つからない相性です。どちらかが歩み寄ることで、信頼関係を築くことができます。

## 長瀬くんと TOKIOメンバーの相性

天然なところがある者同士だからか、グループ内で唯一かみ合わない相性なのが城島くん。ただ、そんな相性も、ちょっとしたことで歯車が合うと、あっという間に深い絆で結ばれます。互いに相手の長所を見ることで、関係性はよい方向へと向かうはず。

反対にもっとも年齢の近い松岡くんとは、若いうちはそれなりに衝突するでしょう。松岡くんの主観的な部分や、長瀬くんの馴れ馴れしさなど、お互いの欠点に目がいってしまうことが原因ですが、長所を知るにつれ衝突は減っていきます。

# KinKi Kids
# 安泰の相性の良さ

テレビの画面からもお互いに信頼し合っているのが伝わってくるＫｉｎＫｉＫｉｄｓの２人ですが、結構気分に波がある剛くんを、いつも変わらず穏やかなテンションの光一くんがフォローするという関係です。

明るいときは大胆な行動に出て周囲を驚かせたり笑わせたりする剛くんを、光一くんが笑顔で見守ります。

逆に剛くんの気分が少々落ち気味のときは、繊細さが前面に出てしまい周囲の些細な一言に傷ついて、さらに落ち込むという悪循環。そんなときも、光一くんが元気づけたり、やさしくフォローしてあげます。

ただ、若いうちはそれなりに反発したり、距離を置いたりした時期もあったはず。２人ともコミュニケーション能力は高いほうですが、剛くんは波があるし、光一くんも最初から誰にでも心を開くタイプではありません。

しかも、２人揃ってそういう気持ちを相手にぶつけるタイプでないため、不満を胸の内に閉じ込めてしまいます。そうして、意思の疎通がうまくいかず、お互いストレスをためてしまうのです。

とはいえ、つき合いが長くなるにつれ、もっともよき理解者となる相性。そういう意味では、今後も安泰といえるでしょう。

# V6

## 占い 相関図

年下組のカミングセンチュリー（カミセン）と年上組のトゥエンティースセンチュリー（トニセン）のユニットからなるＶ６はグループの性質上、やんちゃな年下組をやさしく見守る年上組という、ほのぼのとした印象を持たれがち。

　しかし、性格がバラバラなメンバー同士なので年齢差は関係なく衝突も結構あります。とはいえ、おおらかな性格の人が多いので、解散の危機になるようなトラブルにまでは発展しません。

# V6メンバーの相関図

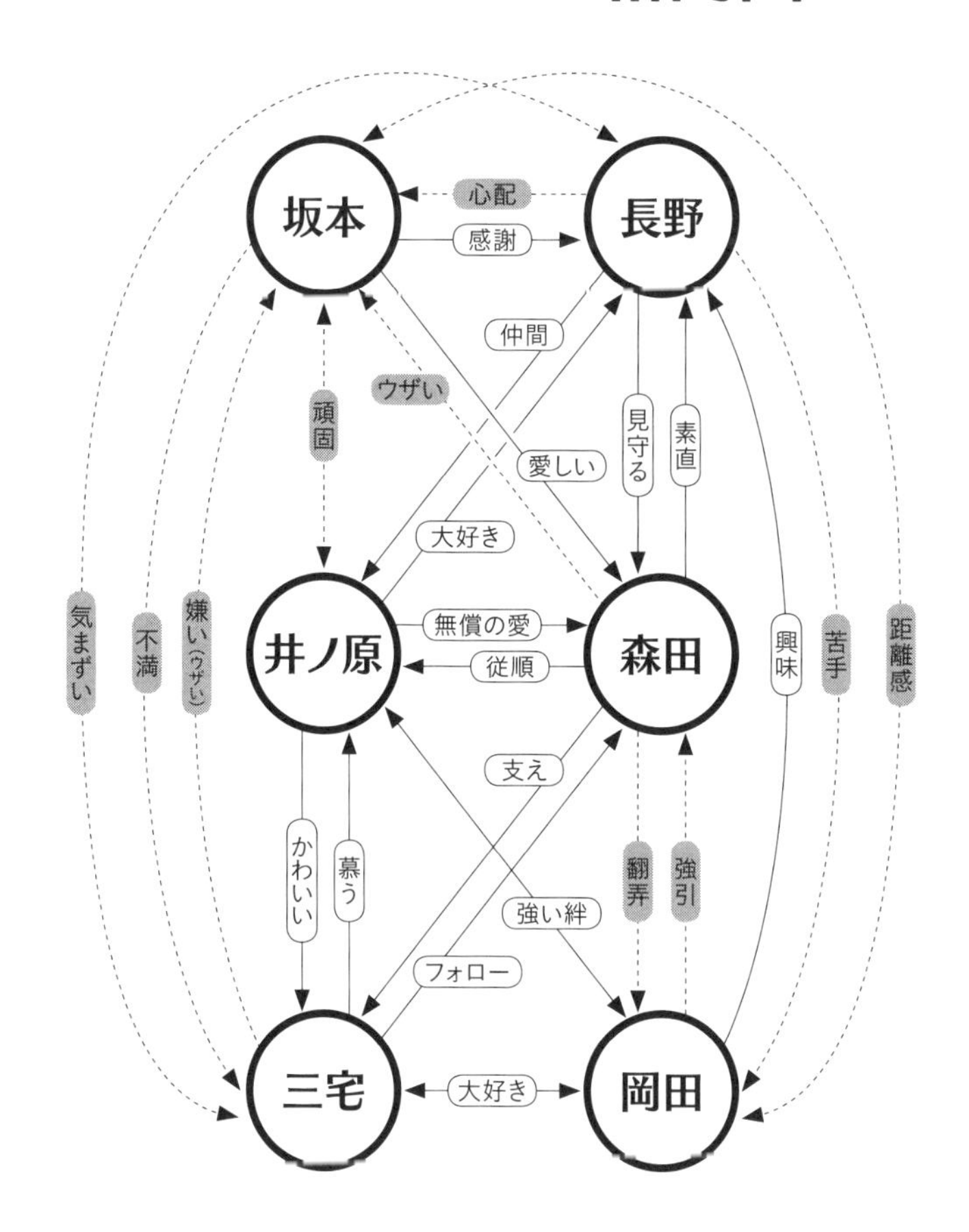


**グループ活動の鍵**

**坂本くんと井ノ原くんの仲が円滑なら安泰。**

## 坂本くんと V6メンバーの相性

独特のペースで周囲を引っかき回しがちの坂本くんと、そんな坂本くんをフォローする長野くんの相性は悪くはありません。

夢中になると周囲が見えなくなる坂本くんにとって、上手に軌道修正をしてくれる長野くんはありがたい存在です。

最初は頼りになる兄貴と坂本くんを慕っていた三宅くんですが、坂本くんの傲慢さにしだいに嫌気がさしてしまう相性です。そんな三宅くんに坂本くんも不満が募ります。ただ、お互いに仕事上の役割分担さえ押さえていれば、特にグループの関係性に影響はないでしょう。

## 長野くんと V6メンバーの相性

フレンドリーで誰とでも平等につき合うタイプの長野くんと、井ノ原くんの相性はふつうです。

長野くんのことが大好きな井ノ原くんは、ときどき独占欲をあらわにしてやたらと長野くんにベタベタしたがりますが、長野くんは嫌がらずに、井ノ原くんと遊んでくれそう。

お互いにリーダー的な資質を持ち合わせていない長野くんと三宅くんは、それほどよい相性ではありません。

2人だとなかなかものごとが進まず、気まずい空気が流れることも……。仕事の際はもう1人メンバーを入れるのがおすすめ。

## 井ノ原くんと V6メンバーの相性

残念ながら、井ノ原くんと坂本くんの相性は、あまりよくありません。

お互いに融通のきかないところがありますが、頑固さでいえば井ノ原くんのほうが坂本くんよりも上手。坂本くんが大人になれるかどうかが、2人の関係を円滑にするカギになりそう。

反対に井ノ原くんと気の合うメンバーが森田くんです。

世話好きで、慕ってくる相手には無償の愛を注ぐ井ノ原くん。寂しがり屋でいつでもかまってほしい森田くんを、井ノ原くんがとてもかわいがります。

## 森田くんと V6メンバーの相性

影でけなげに努力をする森田くんを、とても愛おしく思っている坂本くん。相性はバッチリと思いきや、残念ながら坂本くんの一方通行のようです。

森田くんはなんやかんやとちょっかいを出してくる坂本くんを、少々ウザく思っていそう。

こまめにメンバーのフォローができる長野くんと森田くんの相性は、なかなかいい感じ。

傷つきやすく、自分に自信が持てない森田くんですが、長野くんの励ましや気づかいにとても助けられています。

カミセン同士の森田くんと岡田くんの相性は、森田くんしだいといえるでしょう。

メンバーのなかで唯一森田くんより年下の岡田くんは、意志が強く情熱的。森田くんが翻弄されてしまいがちです。森田くんが岡田くんを上手にコントロールできれば、2人の仕事相性は上昇しそう。

## 三宅くんと V6メンバーの相性

三宅くんと井ノ原くんの相性は、まあまあです。

三宅くんにとって井ノ原くんはとても頼りになる心強い存在です。三宅くんが井ノ原くんをたてる気持ちを忘れなければ、よい関係が築けるでしょう。

三宅くんと森田くんの相性はバッチリ！　一見子どもっぽく見ら

れがちな三宅くんですが、精神的に弱い一面がある森田くんを、しっかりと支えています。

もう1人のカミセンである岡田くんと三宅くんの相性もいい感じです。お互いに大好きなので、言葉にしなくても相手の気持ちがわかるはず。

## 岡田くんとV6メンバーの相性

岡田くんと坂本くんは正反対の性格。あまり相性がよい2人ではありません。

最初はお互いに自分にない部分に惹かれ合いますが、マイナス面が見えてくると、とたんに距離感ができてしまうのです。

残念ながら、岡田くんと長野くんの相性もありよくないようです。

岡田くんは長野くんに興味がありますが、長野くんのほうは岡田くんの冷静さと鋭い洞察力に居心地の悪さを感じていそう。

仲良くなるまでに時間がかかります。井ノ原くんと岡田くんの相性は結構いい感じですが、岡田くんが井ノ原くんに、なかなか心を開かないのが原因ですが、つき合いが長くなるにつれ、しだいに強い絆で結ばれるようになるでしょう。

# 嵐

## 占い 相関図

嵐はマイペースな性格の集まり。ふだんはそれぞれ気の向くままに好き勝手な方向を向いていますが、いざとなるとなんとなくまとまってしまう不思議な相性です。

大野くんがリーダーではありますが、大野くんをはじめ率先してリーダー的な役割を好むタイプではありません。逆になろうと思えば誰もがリーダー的資質を持ち合わせているため、それぞれの得意分野でうまい具合に誰かがまとめると、他のメンバーはそれに従うという絶妙なチームワークを発揮します。

# 嵐メンバーの相関図

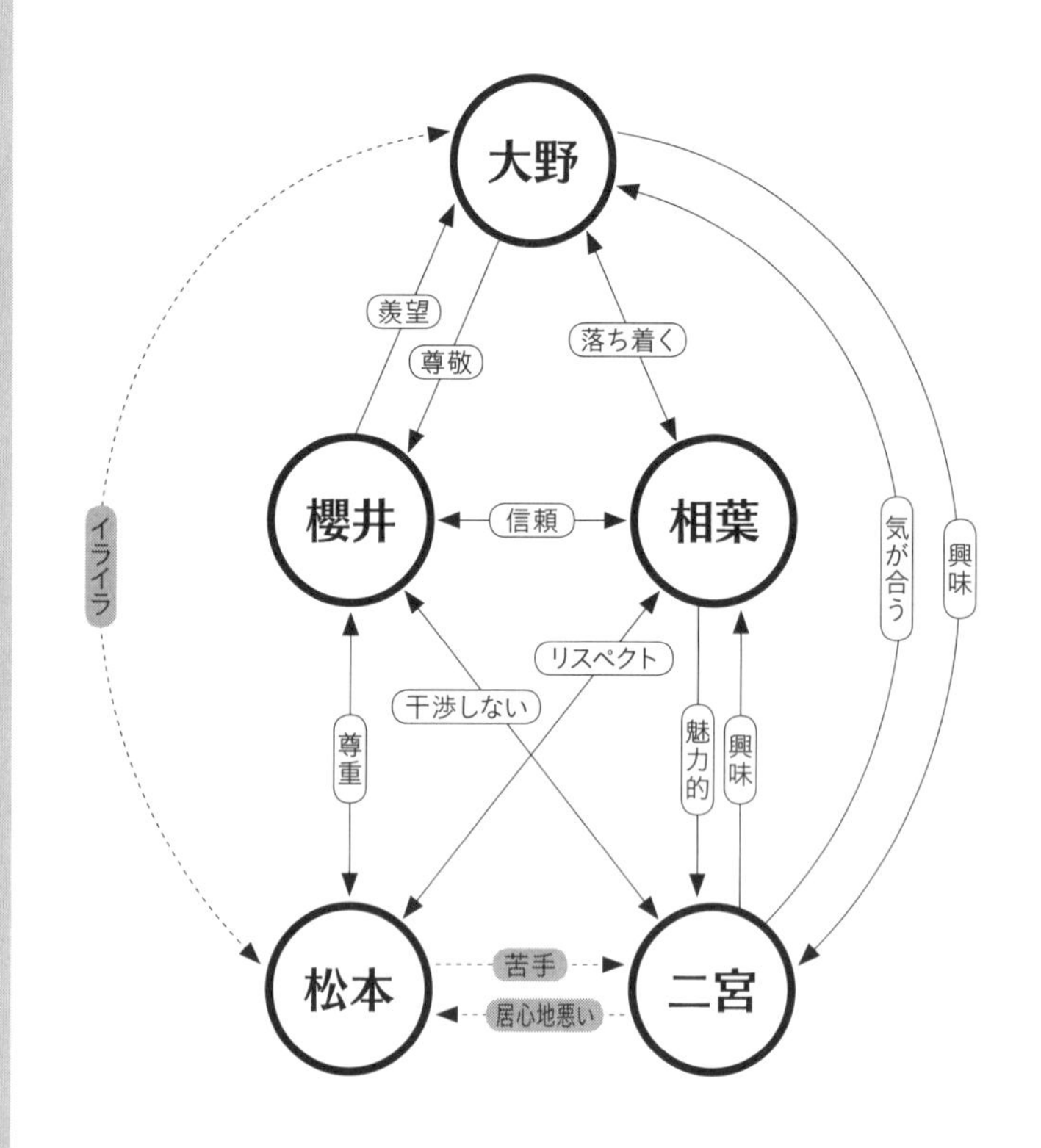


グループ活動の鍵

**櫻井くんとまつじゅんの適度な距離感がポイント。**

## 大野くんと
### 嵐メンバーの相性

大野くんと水と油なのがまつじゅん。お互いに相手の性格にイライラしがちな相性です。

どちらかに余裕があれば「まあまあ」とやりすごすことができそう。しかし、つき合いが長くなるにつれ、お互いの短所を補い合えるベストな関係が築けます。

逆にすぐに意気投合するよい相性だけど、つき合いが長くなるほどに相手の欠点が鼻についてくるのが二宮くん。

とはいえ、大野くんが不思議な魅力を持つ二宮くんに興味を抱いている間は、よい関係が続くでしょう。

## 櫻井くんと
### 嵐メンバーの相性

櫻井くんの好奇心を刺激してくれるのが大野くん。大野くんの芸術的な才能はよく知られていますが、櫻井くんはそんな大野くんにとても惹かれています。逆に大野くんは櫻井くんの直感力や洞察力に一目置いている、互いに尊敬できる相性といえるでしょう。

相葉くんとは最初は接点が見つからずにギクシャクしていたはず。互いの長所を知ることで信頼関係が構築されていく相性です。この2人の場合、仕事仲間としての相性がバツグン。嵐が幅広い層に支持された要因は、櫻井くんと相葉くんのタッグによるところが大きいでしょう。

## 相葉くんと
### 嵐メンバーの相性

相葉くんと大野くんは温和な性格同士、とてもよい相性です。一緒にいて落ち着く関係だといえるでしょう。言葉にしなくてもお互いの顔を見れば、相手がなにを考えているのかおおよその検討がつくはず。

まつじゅんとの相性もいい感じです。ファッションセンスは異なるものの、独特の感性を持つ者同士、相手のセンスをリスペクトしています。そんな感情から、深い絆で結ばれ信頼し合える関係になれそう。

## まつじゅんと 嵐メンバーの相性

小さい頃からのつき合いである櫻井くんとは気心も知れているし、相性としても悪くありません。互いの個性を尊重し、理解できれば絆は深まるでしょう。ただ、この2人の場合、多少の距離感があったほうが関係は長続きしそう。

情が深まりにくいのが二宮くん。お互いに頭の回転ははやいけれど、淡白すぎて話が盛り上がりません。真面目で観察力の鋭いまつじゅんに、ときどき適当な性格になる二宮くんが見透かされているようで居心地が悪いのでしょう。

## 二宮くんと 嵐メンバーの相性

共通点の多い櫻井くんとの相性は、仲がよいときと距離を置いてほとんど接触しないときの差が激しいです。もっとも似ている点が飽きっぽいところなので、あまりベタベタした関係を好みません。

お互いに興味津々なのが二宮くんと相葉くん。二宮くんの斬新さに相葉くんが多分に刺激されます。相葉くんが自由奔放な二宮くんに振り回されてしまう感じではありますが、そんな二宮くんに魅力を感じていそう。

# タッキー＆翼
# 2人揃って前進あるのみ

タッキー＆翼のコンビは、お互いに助け合いながら、いつまでも新鮮な気持ちでつき合える相性です。

2人とも根っからのプラス思考で明るい性格。お祭り騒ぎが大好きで、人を楽しませることに全力投球します。仕事の開始、仕事の折り返し地点、仕事の終了と、なんやかんやと理由をつけては自ら率先して打ち上げの計画を立てていそう。

お互いにベタベタしないフラットな協力関係ではありますが、やんちゃで少々わがままなタッキーを、ときどき翼くんが「いいかげんにしろ」とたしなめることもある相性です。とはいえ、翼くんはそんなタッキーを愛おしく思っています。

一方、タッキーはそんな翼くんが大好き。おっとりしている翼くんに癒されることも多いでしょう。ともすれば、タッキーのわがままに振り回されがちな翼くんですが、それを楽しめてしまう性格が、タッキー＆翼が円満でいられるポイントかもしれません。

また、2人揃ってつねに動いていたいタイプ。1つのことが終わると、休む間もなく次のステージへと進みたがります。その気持ちで突っ走るかぎり、タッキー＆翼の可能性はどんどん広がっていくでしょう。

# NEWS

## 占い 相関図

基本的には、あまり相性がよいとはいえないＮＥＷＳ。それぞれ自己主張が強く、なかなかまとまりにくいグループです。ただ、性格も環境によって変わっていくもの。大変なことを乗り越えてきた現在、以前よりも結束は固くなっているはずです。

ＮＥＷＳの場合、適度な距離感でゆるいつながりが吉。個人の活動をメインに、そこで成長した姿をグループ活動の際に発表し合う、という感じだとお互いに尊重し合える関係が築けるでしょう。

# NEWSメンバーの相関図

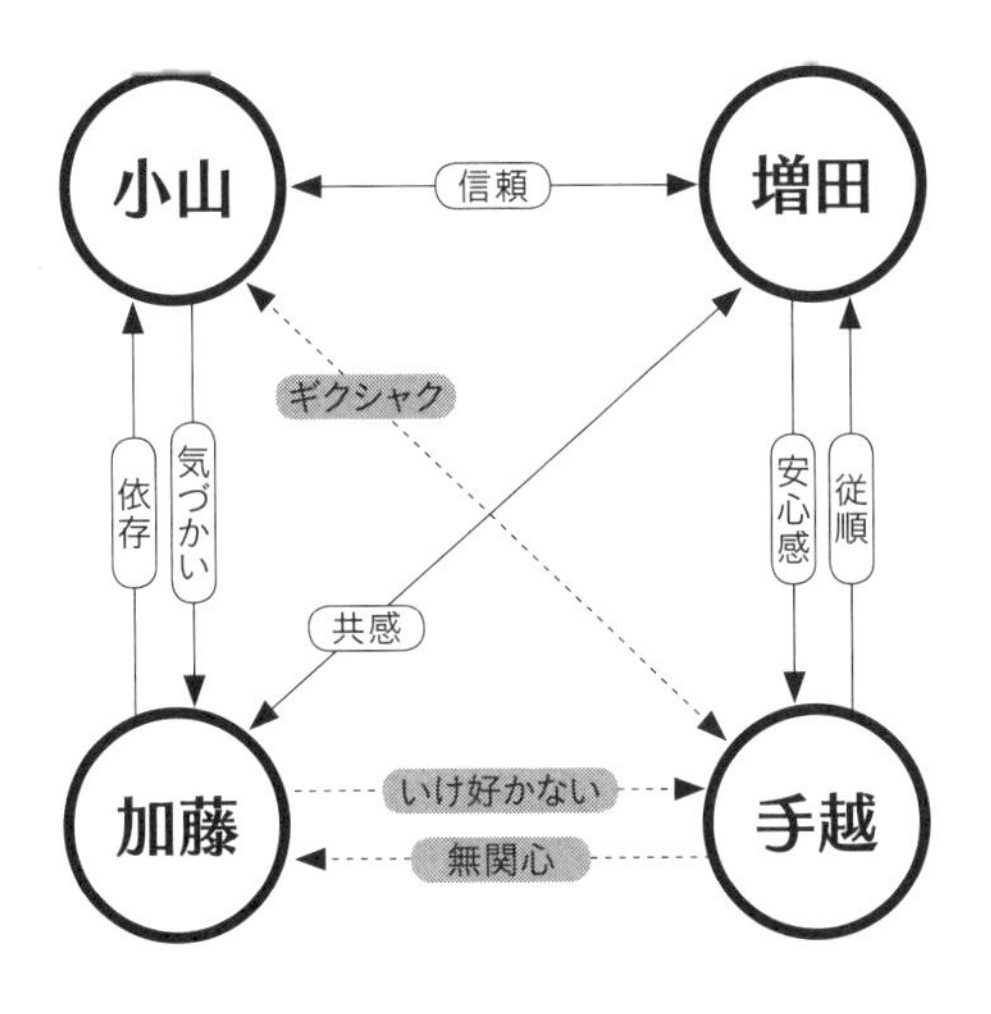


## グループ活動の鍵

**小山くんと増田くんの関係性がグループの要。**

## 小山くんと NEWSメンバーの相性

小山くんともっとも相性のよいメンバーは増田くん。グループ内でもダントツの相性です。基本的には警戒心の強い小山くんですが、増田くんには素直に心を開き、いろいろと悩みを相談していそう。

意外に小山くんが気を使ってしまうのが加藤くん。気難しい部分のある加藤くんなので、ヘソを曲げないように小山くんが上手にコントロールしています。

相性は悪くはありませんが、なかなか友情に結びつきにくいのが手越くんです。最初はギクシャクとした関係が続きます。手越くんにウザがられても、小山くんがしつこくコミュニケーションを取り続けることが大切。

## 増田くんと NEWSメンバーの相性

増田くんがもっとも心強い相手として信頼しているのが小山くんです。一見、小山くんが主導権を握っているようにも見えますが、実はNEWSは、小山くんと増田くんのコンビが大きな要になっています。

一緒にいて癒されるのが加藤くん。お互いに争いを好まない者同士、穏やかな関係を築き、またその関係も長く続くよい相性です。

テゴマスとして一緒に活動することの多い手越くんとの相性も悪くはありません。持続力の増田くんと瞬発力の手越くんとペースは異なりますが、うまい具合にお互いをフォローできる関係が築けます。手越くんとは安心して仕事に臨めるでしょう。

## 加藤くんと NEWSメンバーの相性

加藤くんは性格的な部分だけでなく年上ということも含め、小山くんをとても信頼しています。それは、「小山くんにまかせておけば、なんとかしてくれる」と少々頼り切っている感があるほど。あまり依存しすぎると、小山くんが疲れてしまうので要注意。

決して会話が多いわけではありませんが、増田くんとは互いにわかり合える関係です。個人での活動もマネージャーさんに確認したりして、陰ながら応援していそう。

同じ年の手越くんとは、ケンカの多くなる相性です。「いけ好かないヤツ」と思っていた時期が結構長そう。でも結局は無関心になれず、気になる存在です。

## 手越くんとNEWSメンバーの相性

小山くんにはなかなか心を開けない手越くん。仲良くなろうと接触してくる小山くんを面倒くさいと感じていた時期もありそう。ただ、つき合いが長くなるほど、小山くんのよさが理解でき、強い絆が生まれる相性です。

どちらかというと、誰かをリスペクトするよりリスペクトされたい性格ですが、そんな手越くんが一目置いているのが増田くん。意外に増田くんには素直に従いそう。

手越くんはそれほど加藤くんに関心を持っていないようです。ただ、極端な性格の手越くんなので、突然のように加藤くんに興味を持つことがあるかもしれません。あまりグイグイいくと加藤くんが引いてしまうので注意が必要。

# 関ジャニ∞

## 占い 相関図

関ジャニは弱みを見せないがんばり屋の集団。言葉数が少ないために、最初はなかなかお互いの考えていることがわからずギクシャクしがちです。でも、みんなが一生懸命なことだけは伝わります。

そして、愛情豊かな人が集まったグループでもあるので、打ち解けると、とたんに固い絆で結ばれる、そんな相性のグループです。年を重ねるにしたがい、その傾向は強くなっていくでしょう。

# 関ジャニ∞メンバーの相関図

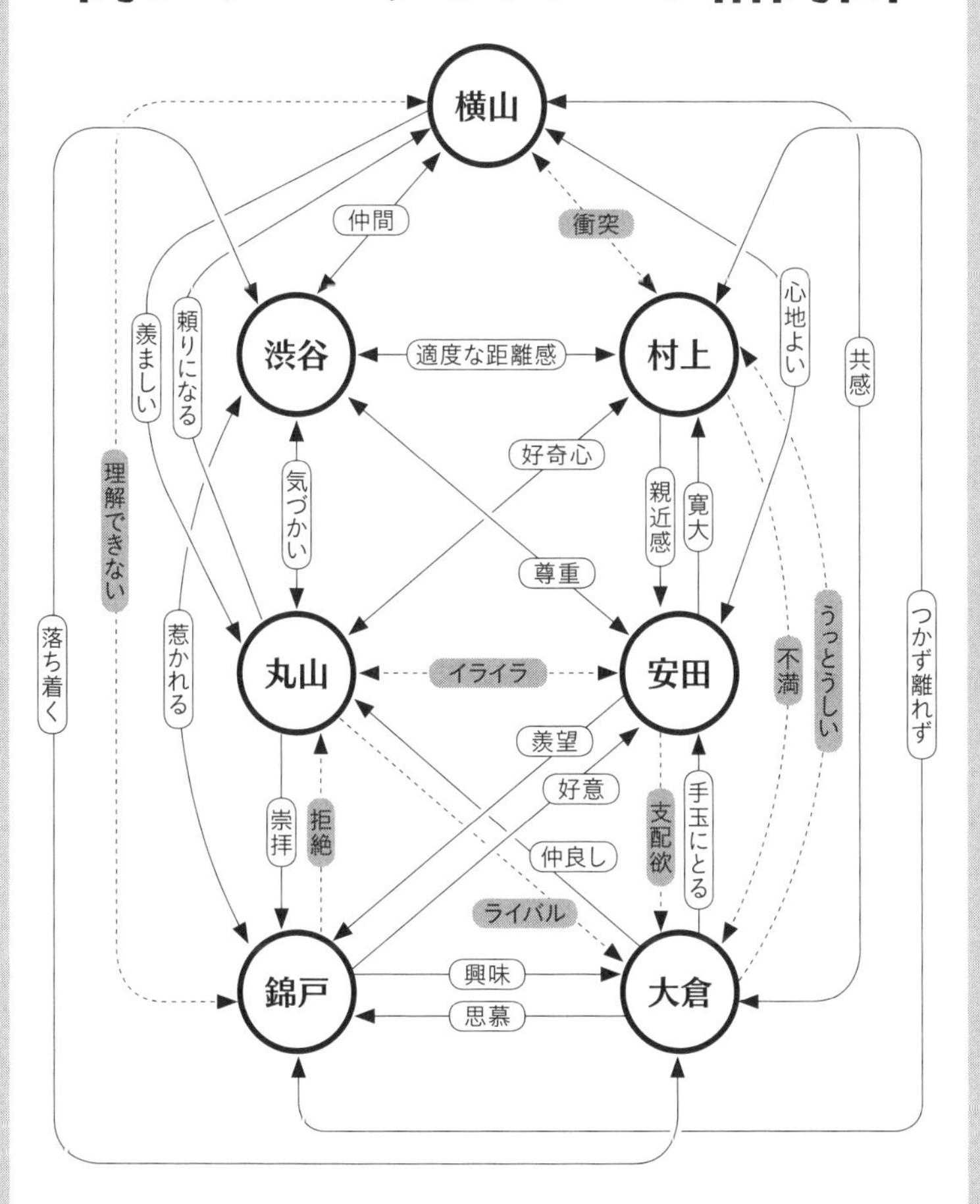


## グループ活動の鍵

**村上くんと横山くんの衝突を避ければグッド。**

## 横山くんと関ジャニメンバーの相性

年長者同士の横山くんと渋谷くんは、理想的な相性です。寝るのも忘れて夢を語り合ったり、プライベートでも一緒で出かけたり、気の置けない仲間といえるでしょう。

横山くんとは正反対の性格なのが丸山くん。やさしく見守りながらも、前向きで楽観的な丸山くんを、横山くんが羨ましく思っています。

錦戸くんとはなかなか親しくなりにくい相性です。独特の世界観を持つ錦戸くんを横山くんはなかなか理解できません。錦戸くんも横山くんには簡単に心を開きません。でも、そこは同じグループ同士、他のメンバーがしっかりとフォローしてくれるでしょう。

## 渋谷くんと関ジャニメンバーの相性

繊細な一面を持っているところが似ている渋谷くんと丸山くん。どちらかが落ち込んでいるとすぐに察知して、言葉には出さずともそばで甲斐甲斐しく世話を焼き合う相性です。

渋谷くんと錦戸くんは、妙にお互い惹かれ合います。どちらもポーカーフェイスなのに、なぜか2人には相手の気持ちが手に取るようにわかってしまうようです。

静かで落ち着いた安定した関係なのが安田くん。適度な距離感を持って、相手の考えを尊重し合える相性です。

## 村上くんと関ジャニメンバーの相性

ぶつかりやすい相性なのが村上くんと横山くん。奔放な村上くんに、横山くんの怒りが爆発しそう。村上くんが年上の横山くんを尊敬できれば、2人の仲はグンと縮まります。

同じく年上の渋谷くんとは、結

構気が合います。渋谷くんが村上くんの個性をおもしろがっているのが大きな理由ですが、多少の距離感があったほうが関係は長続きします。

変わり者の村上くんを大きな心で受け止めてくれる安田くん。相性はよいほうです。そんな安田くんに甘えずに、村上くんが安田くんの話に耳を傾けられれば関係は安泰。

## 丸山くんと関ジャニメンバーの相性

村上くんが丸山くんに憧れる相性です。ユニークな丸山くんに、村上くんの好奇心が多分に刺激されます。逆もしかり。丸山くんも行動の読めない村上くんにいつも注目していそう。

あまり相性がよいとはいえないのが、丸山くんと安田くんです。立場に大きな差があれば別ですが、同じような立ち位置同士だと、互いの短所にイライラが募ります。ある程度の距離感と他のメンバーを加えての行動がいいかも。

丸山くんと大倉くんは仲良しな相性。ただ、知れば知るほどユーモアセンスに富む大倉くんに、丸山くんは内心ではライバル心を燃やしています。

## 安田くんと関ジャニメンバーの相性

安田くんと横山くんの相性は◎。お互いにスローペースなところが、一緒にいて心地よいと感じるのでしょう。どちらもロマンチックで、理想のデートなんていう話で盛り上がりそう。

安田くんが錦戸くんに憧れを抱く相性です。石橋を叩いても渡らないタイプの安田くんは、大胆で自由な錦戸くんに羨望のまなざしを向けていそう。そんな安田くんに対して、錦戸くんも好意を抱いています。

唯一の年下・大倉くんに対して

は、珍しく支配欲をかき立てられる安田くん。しかし、そんな安田くんに「まあまあ」と大人の対応をする大倉くん。結局は安田くんが大倉くんの手のひらで転がされる相性といえます。

## 錦戸くんと関ジャニメンバーの相性

錦戸くんと村上くんはお互いに興味はあるけれど、近づかないほうが無難な相性です。友だちの友だちくらいの距離感がピッタリな相性なので、仕事でもプライベートでも、第三者を交えての交流がおすすめ。

崇拝しているといっても過言ではないくらい丸山くんは錦戸くんが大好き。一匹狼的な性格の錦戸くんにとって、丸山くんの愛情表現はウザいをとおり越して拒絶にまで達していそう。

最初はお互いに遠目から様子をうかがっていますが、先に仲良くなりたいアピールをはじめるのは大倉くん。錦戸くんが心を開けば、強い絆が生まれるはず。

## 大倉くんと関ジャニメンバーの相性

穏やかな関係を築けるのが大倉くんと横山くん。いつでも目標に向かって足並みを揃えられる相性です。衝突はほとんどありませんが、そのぶんケンカになったときは大変。仲直りするまでにかなり時間がかかりそう。

冷静で現実的な大倉くんは、理想を熱く語る村上くんをなかなか理解できません。冷めた目で見る大倉くんに対して、村上くんは「なんでわかってくれない」としつこく詰め寄りそう。

ペースが似ているせいか、大倉くんと渋谷くんの相性はとてもよい感じ。年齢的には一番離れていますが、お互いに一緒にいて落ち着く関係です。

# KAT-TUN

## 占い 相関図

結成当時から、飛び抜けて知名度と人気の高い亀梨くんと、その他のメンバーといった印象が強いKAT-TUN。

相性的にみると亀梨くんがののメンバーがさりげなく亀梨くんをフォローしてあげている結果。そういう意味では、なかなか結束力の固いグループといえるでしょう。

個人活動が増えてはいますが、メンバーが揃うことで力を発揮する相性のKAT-TUNなので、グループでの仕事こそ力を注いだほうがよさそう。

# KAT-TUNメンバーの相関図

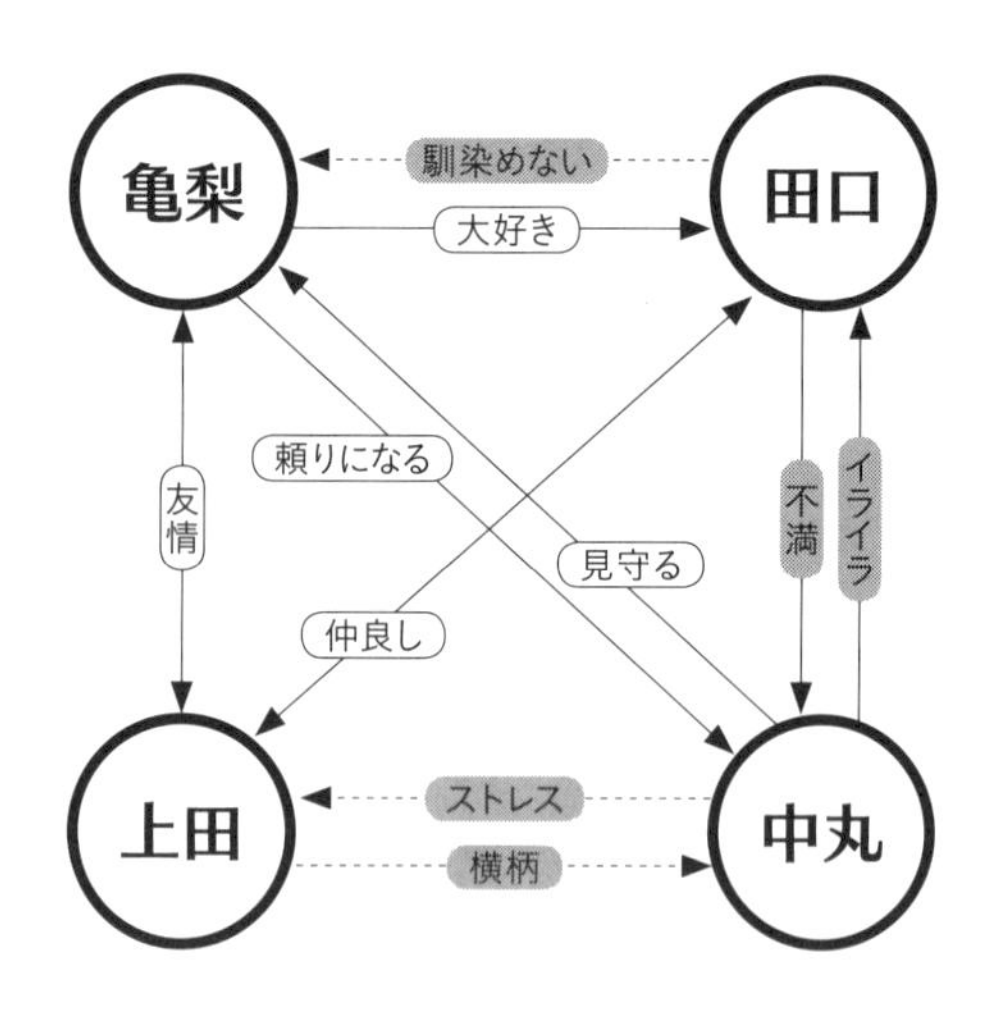


グルーブ活動の鍵

中丸くんと田口くんのペースがカギ。

## 亀梨くんとKAT-TUNメンバーの相性

テレビから受ける印象と逆の相性なのが亀梨くんと田口くんです。どちらかといえば田口くんが亀梨くんの面倒を見る感じ。亀梨くんは田口くんが大好き。亀梨くんのちょっかいをクールにかわす田口くんに、亀梨くんが怒ってカンシャクを起こすなんていうこともありそう。

亀梨くんの警戒心を上田くんが上手にといてくれる相性です。実は小心者の一面を持つ亀梨くん。上田くんもコミュニケーション能力は高くありませんが、根がおおらかでやさしい性格なので、時間をかけて友情を育みます。

意外に子どもっぽいところのある亀梨くんを、笑顔で見守る中丸くん。夢中になると視野がせまくなりがちな亀梨くんを、さりげなく中丸くんがフォローしてくれる相性です。

## 田口くんとKAT-TUNメンバーの相性

グループの中心となってがんばる亀梨くんを、横でやさしく見守る田口くん。相性は悪くありません。ただ、意外に淡白な人間関係を好む田口くんにとって、亀梨くんの近すぎる距離感は、なかなか馴染めないようです。

ときどき無鉄砲になる田口くんを、うまくコントロールしているのが上田くん。いい感じでストッパー役を果たしています。

田口くんと中丸くんは正反対の性格。田口くんの自由な言動に、中丸くんがイライラしてしまうこともしばしば。

## 上田くんとKAT-TUNメンバーの相性

比較的素直に愛情表現をする亀梨くんを、上田くんは羨ましいと思っていそう。そんな亀梨くんに対しては、なぜか上田くんも気負わずに素直になんでも話せてしまう相性です。

上田くんと田口くんは、一緒にいるといつも笑顔でいられる仲良しな関係。でも、互いに一定の距離感を保ってつき合います。どちらかというと、自由奔放で少年のような田口くんに、上田くんが好意を持つ相性です。

人と打ち解けるのに時間がかかる上田くんですが、なぜか中丸くんに対しては最初から横柄な態度を取りがち。上田くんにとって中丸くんは、珍しく素の自分を出せる相手のようです。

## 中丸くんとKAT-TUNメンバーの相性

キャラとしてはクールだけど、本当は無邪気で天然な亀梨くんを、中丸くんは微笑ましく見守っています。ただ、夢中になると空気が読めなくなるため、ときどき面倒くさいヤツと思っていそう。

中丸くんと田口くんはよい相性とはいえないようです。計画的にものごとを進めたい性格の中丸くんと、そのときどきのインスピレーションを大切にする田口くん。どうしてもペースが合わないときは、どちらも一歩引いて、他のメンバーの意見を尊重したほうがよさそう。

これまた相性がよいとはいえないのが中丸くんと上田くん。最初はお互いに惹かれ合いますが、つき合いが長くなるにつれて、上田くんのおおざっぱな性格に中丸くんがストレスを感じはじめそう。

# Hay! Say! JAMP

## 占い 相関図

似ているタイプが集まっているＨａｙ！Ｓａｙ！ＪＡＭＰの相性は悪くはありません。ガツガツしているタイプがいないせいか、比較的まとまりやすいといえます。

ただ、それは諸刃の剣にもなり得ます。人数も多いＨａｙ！Ｓａｙ！ＪＡＭＰなので、得して誰かがやってくれるだろうという無責任な意識を持ちがち。「自分が！」というタイプが少ないので、グループ内の役割はきちんと決めておいたほうがスムーズにものごとが進むでしょう。

# Hay! Say! JUMPメンバーの相関図

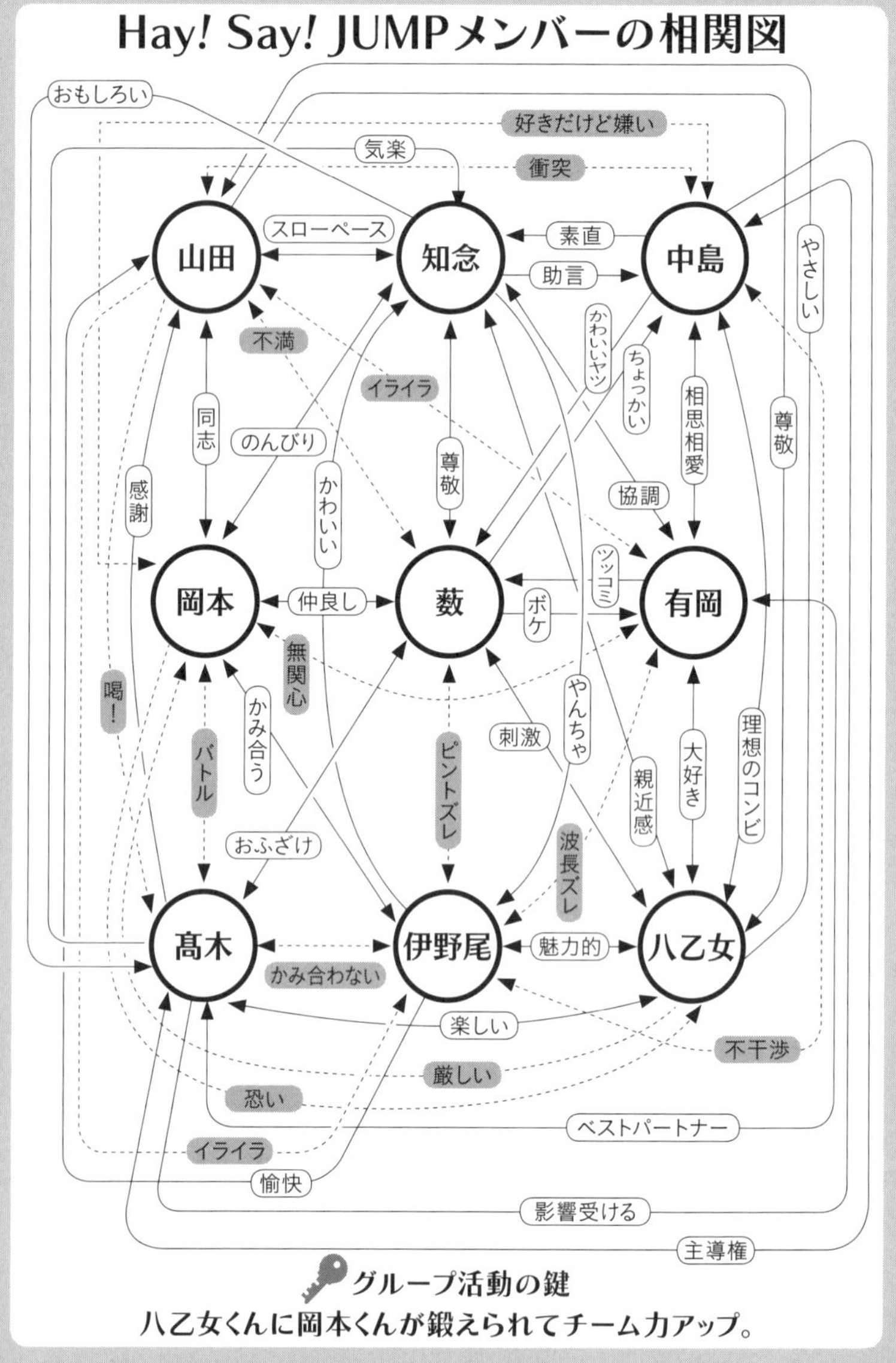


**グループ活動の鍵**

**八乙女くんに岡本くんが鍛えられてチームカアップ。**

## 山田くんとHay! Say! JAMPメンバーの相性

ゆっくりと絆を強めていく相性の山田くんと知念くん。なかなか心を開かない知念くんに不安になることもありますが、山田くんから積極的にアプローチすることで相性は好転します。

山田くんと岡本くんは、「根性論」や「目上の人への礼儀に厳しい」など、古風な思考を持つ点で共通しています。お互いに同志といった感情を抱いていそう。

意外にぶつかりやすい相性なのが薮くん。若干いい加減なところのある薮くんに山田くんが耐えられず、過去のことまで持ち出して大ゲンカなんていうことも。そんな山田くんに薮くんも不満気味。

八乙女くんの発想力に山田くんが尊敬の念を抱き、八乙女くんは山田くんにやさしく接します。山田くんに冒険心があれば、八乙女くんとの相性はバッチリ！

## 知念くんとHay! Say! JAMPメンバーの相性

温和な知念くんに、意外とせっかちな中島くんが助けられる相性です。穏やかに問題点を指摘する知念くんの言葉に、中島くんも素直に耳を傾けそう。

お互いに感情をストレートに出し合う知念くんと有岡くんの相性はバッチリ。いざとなるとすさまじい力を発揮する知念くんと、つねに臨機応変に対応する有岡くんは、どんなときも足並みが揃います。

高木くんとの相性もかなり高め。高木くんの天然で人を振り回しがちな部分も含めて、知念くんは高木くんとのやり取りをおもしろがっているようです。

一番年下なのにしっかりしている知念くん。ところが、伊野尾くんと一緒だと少々やんちゃになりそう。そんな知念くんを、あまのじゃくな伊野尾くんも素直にかわいがります。

## 中島くんとHay! Say! JAMPメンバーの相性

中島くんと山田くんは、一見温和そうに見えて結構気の強い者同士。ぶつかり合うと、一切口をきかなくなるタイプですが、折れるのはたいてい中島くんのはず。

好きか嫌いか、両極端の相性である中島くんと岡本くん。年齢も同じなのでケンカもしますが、なんとなく仲直りのタイミングを心得ている2人です。

最初はお互いに苦手意識を持つこともありますが、基本的な相性はとてもよい中島くんと薮くん。どちらかというと、薮くんが中島くんにちょっかいを出して遊んでアピールをします。そんな薮くんを年下の中島くんが「かわいいヤツ」と思っていそう。

有岡くんとは相思相愛といってもいい相性です。中島くんがパニックになるとさりげなく有岡くんが助け舟を出し、逆に有岡くんが悩んでいると中島くんはすぐに声をかけて相談にのってあげます。

## 岡本くんとHay! Say! JAMPメンバーの相性

ペースが似ている岡本くんと知念くん。のんびりしすぎて周囲から取り残されるととたんに焦り出す岡本くんに対し、まったく意に介さない知念くんという対照的な部分もありますが、とても相性のよい2人です。

いつも一緒になって楽しいことを探している岡本くんと薮くんは、コンビネーションがバツグン。特にサービス精神旺盛な薮くんは、つねに岡本くんを笑わせようと必死です。

岡本くんは有岡くん相手だとなぜか負けず嫌いを発揮し、くってかかることが多いようです。でも、と、とたんにお互い無関心になってしまいそう。

あまり相性がよくないのが髙木

くん。持続力に欠ける髙木くんに岡本くんの怒りが爆発し、いい争いが絶えない相性です。

## 薮くんとHay! Say! JAMPメンバーの相性

お互いに尊敬し合う相性の薮くんと知念くん。薮くんは知念くんのプロ意識の高さに、知念くんは薮くんの臨機応変な対応に、いつも感心していそう。

適度な距離感でグループを支える薮くんと有岡くん。有岡くんがツッコミで場の流れを作り、薮くんがボケで場を盛り上げるという役割分担で、チームワークはさらに向上します。

薮くんと髙木くんは、真面目な話し合いになると恥ずかしくなってふざけてしまうタイプ。真剣な話し合いが必要なときは、第三者を交えほうがいいでしょう。

薮くんと伊野尾くんは、どこかピントがズレている相性です。でも、かみ合っていなくてもおかまいなしの2人なので、他のメンバーが苦労しそう。

## 有岡くんとHay! Say! JAMPメンバーの相性

結構不満を抱きがちな相性なのが山田くんと有岡くん。慎重すぎる山田くんに有岡くんがイライラすると、その感情が山田くんにも伝染します。有岡くんが山田くんのペースに合わせられれば相性はグンとよくなります。

ベストパートナーといってもいいほど相性のよい有岡くんと髙木くん。お互いに刺激し合える存在です。同じ趣味を見つけて互いに競い合えば、より親しい関係になれるでしょう。

ときどき熱くなる有岡くんを、しれーっと見ている伊野尾くん。この2人の場合、有岡くんが聞き役に回れるかどうかが親しくなれるカギです。

とっても相性のよい有岡くんと

八乙女くん。お互いに大好き同士ですが、繊細な八乙女くんを、おおらかな有岡くんがやさしく包み込んであげることで吉。

## 髙木くんとHay! Say! JAMPメンバーの相性

しっかり者の山田くんが、すぐに諦めてしまいがちな髙木くんのお尻を叩いて奮起させるという関係性の2人。髙木くんが山田くんへの感謝の気持ちを忘れると、関係にヒビが……。

中島くんに引っ張られる形で力を発揮する髙木くん。髙木くんのほうが年上ですが、中島くんが主導権を握ることでうまくいく相性です。

不安定な関係なのが髙木くんと伊野尾くんです。一緒にいてもお互いに好き勝手なことをしていることが多く、行動も会話もかみ合いません。

一緒にいて楽しいのが八乙女くん。髙木くんは八乙女くんに興味津々です。また、八乙女くんも楽観的な髙木くんと一緒いると癒されそう。

## 伊野尾くんとHay! Say! JAMPメンバーの相性

あまり相性がよくない伊野尾くんと山田くん。つかみどころのない伊野尾くんに山田くんがイライラしてしまうことが多い相性です。そんな山田くんをおもしろがる伊野尾くん。

伊野尾くんと中島くんもあまりよい相性とはいえません。ただ、自分の役割分担をわきまえている2人なので、仕事にはなんら影響はないでしょう。

かみ合わなさそうで、実は意外に思考が似ている伊野尾くんと岡本くん。岡本くん相手だと、ふざけた部分だけでなく、繊細でやさしい面も見せる伊野尾くんです。

伊野尾くんのあまのじゃくな性格をおもしろがっているのが八乙

女くん。不思議ちゃんな伊野尾くんの魅力を引き出してくれます。逆もしかりで、お互いに相手に魅力を感じていそう。

## 八乙女くんとHay! Say! JAMPメンバーの相性

言葉にしなくてもわかり合える相性の八乙女くんと知念くん。そのせいか、意外に接触が少なく、周囲にはあまり仲良くない、淡白な関係といった印象を与えます。

八乙女くんともっとも相性のよいメンバーは中島くんです。笑いのツボが似ているのか、とても会話が弾みます。将来についてなど、真面目な話もできる理想のコンビです。

なぜか岡本くんには厳しい八乙女くんですが、相性は決して悪くはありません。柔軟な思考を持つ八乙女くんに、若干想像力に乏しい岡本くんが影響を受けることで、チームワークは格段にアップするでしょう。

お互いに刺激し合える相性なのが、八乙女くんと藪くんです。八乙女くんは藪くんの天真爛漫なところに、藪くんは八乙女くんの繊細で慎重なところに、つまり自分が持っていない部分に惹かれ合うのでしょう。

# Kis-My-Ft2

## 占い 相関図

Ｋｉｓ－Ｍｙ－Ｆｔ２は、とてもバランスのよい組み合わせといえるでしょう。気が強かったり、若干理屈っぽかったりする人もいますが、極端に変わった性格のメンバーはいないので、まとまりやすいグループです。

下積み時代の長かったＫｉｓ－Ｍｙ－Ｆｔ２なので、それなりの衝突はあったと思いますが、当事者ではないメンバーが客観的な視点で問題を解決できるチームワークのよさを持っています。

# Kis-My-Ft2メンバーの相関図

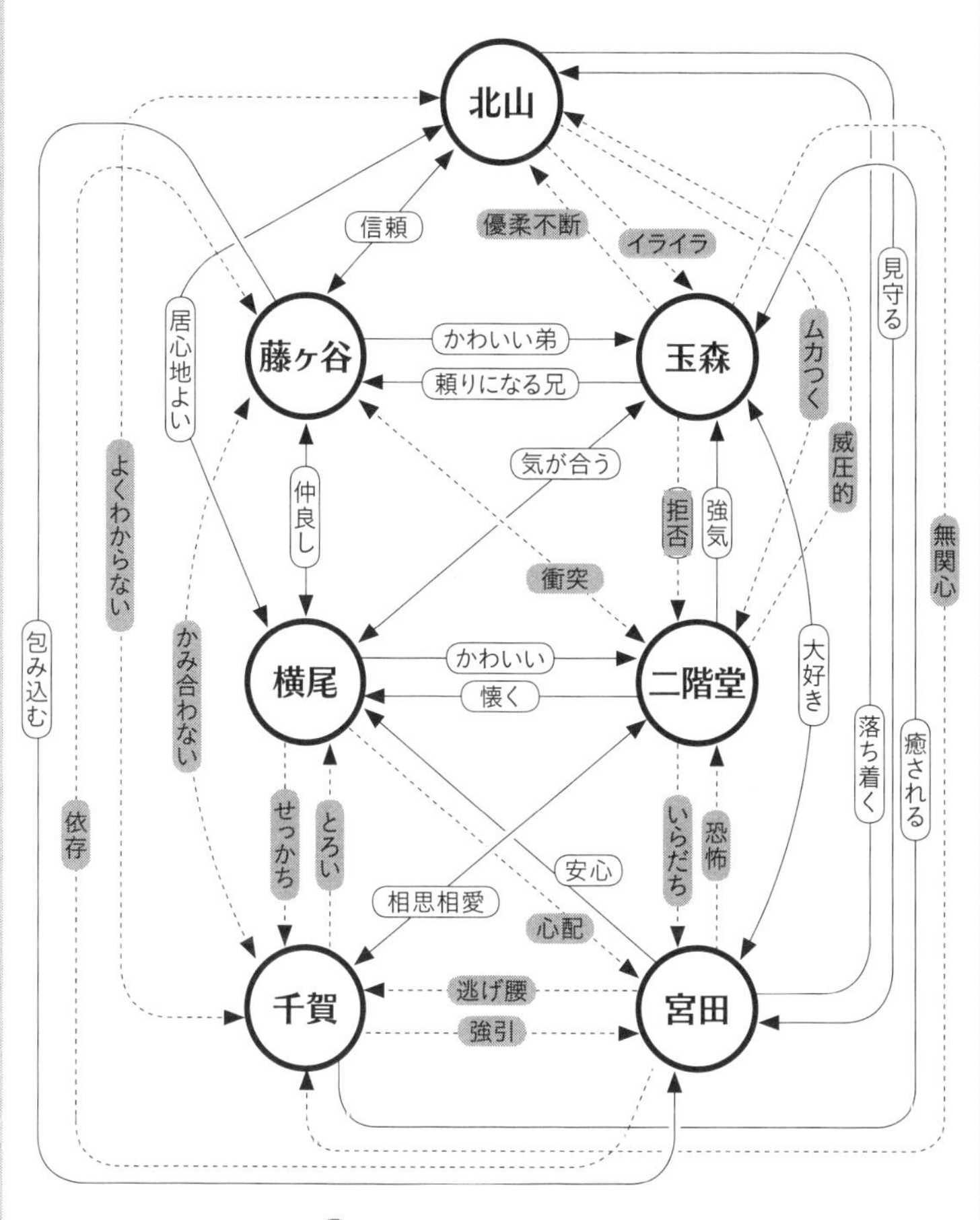


## グループ活動の鍵

**北山くんと二階堂くんの足並みが揃えば最強。**

## 北山くんとKis-My-Ft2メンバーの相性

お互いに信頼し切っていて、とても相性のよい北山くんと藤ケ谷くん。

北山くんのほうが無邪気で子どもっぽく見えるので、藤ケ谷くんがお守役のように見えますが、実は北山くんがいるからこそ、藤ケ谷くんは個性を存分に発揮し、自分らしくいられるという関係です。

北山くんと千賀くんは、言葉を尽くしてはじめて親しくなれる相性です。

大きく感性が異なるので、相手がなにを考えているのか、お互いに読めません。どれだけ腹を割って話し合えるかが、相性アップのカギといえるでしょう。

つかず離れずの距離感を保って、宮田くんを見守る北山くん。精神的に不安定になりがちな宮田くんですが、北山くんと一緒にいると気分的に落ち着く相性です。

## 藤ケ谷くんとKis-My-Ft2メンバーの相性

しっかり者の兄・藤ケ谷くんと、甘えん坊の弟・玉森くんという関係の2人の相性はよいほうです。

他人にはあまり弱みを見せない藤ケ谷くんも、裏表がなくほんわかしている玉森くんには心を開きそう。

藤ケ谷くんと横尾くんはとても仲良し。もともと自己表現が苦手な横尾くんですが、包容力のある藤ケ谷くんに対しては、素の自分をさらけ出します。藤ケ谷くんも、そんな横尾くんを信頼しています。

お互いにストレートな性格なので衝突することが多い藤ケ谷くんと二階堂くん。

とはいえ、なにかのきっかけで親しくなったら、かなり親密なつき合いになれる相性です。二階堂くんが藤ケ谷くんをたてることが、2人がよりよい関係を築くためのカギ。

## 玉森くんとKis-My-Ft2メンバーの相性

玉森くんと北山くんは無邪気な性格同士、気が合いそうな感じがしますが、それは最初のうちだけ。親しくなるにつれて玉森くんの優柔不断さに北山くんがイライラする場面が増える相性です。ただ、ものごとに対してじっくりと向き合うのは玉森くんの長所。北山くんが玉森くんのペースに合わせ、寛大になる必要がありそう。

玉森くんと横尾くんは意外とセンスが似ているので、結構気が合います。

北山くん同様、相手のペースに合わせるのが苦手な横尾くんですが、そんな横尾くんが大人になって玉森くんを受け入れることで、より親しい関係になれます。

楽観的な玉森くんに千賀くんは癒される相性ですが、残念ながら両思いとはいかず、玉森くんは千賀くんにあまり興味がなさそう。

## 横尾くんとKis-My-Ft2メンバーの相性

端から見ると、話がかみ合っているようには見えない横尾くんと北山くんですが、なぜか会話が成立している不思議な関係。

言葉にしなくても相手の気持ちがわかるといった相性のよさはないものの、お互いに居心地のよさを感じていそう。

横尾くんと性格が正反対なのが千賀くん。あまり相性がよいとはいえません。

堅実でのんびり屋な横尾くんのペースに、せっかちな千賀くんが無理なく合わせられれば、親しい関係になれるでしょう。

なにかと不満を口にしてしまいがちな横尾くんですが、宮田くんに対してだけは、自分のことはさておきおせっかいを焼いてしまいます。そんな横尾くんを宮田くんも安心して頼り切っていそう。

## 千賀くんとKis-My-Ft2メンバーの相性

千賀くんと藤ケ谷くんは、思考や行動パターンがかなり異なるため、よい相性とはいえません。

同じ立場だとうまくいかない確率がより高まりますが、2人の場合は年齢差があるので、年上の藤ケ谷くんが大きな心で千賀くんを受け止めてあげることで、相性は急上昇します。

相思相愛といえる相性なのが千賀くんと二階堂くん。

気が強く、プライドも高い者同士なので、取っ組み合いまではいかずともケンカはしょっちゅうですが、後腐れなく、すぐに仲直りできる相性です。

千賀くんと宮田くんの相性は、メンバーのなかで一番悪いといえるかも。千賀くんの強引さに宮田くんが押されてしまう関係です。

本当は反対意見なのに、その場しのぎで同意してしまう宮田くんの言動で、2人にはトラブルが絶えないようです。

## 二階堂くんとKis-My-Ft2メンバーの相性

玉森くんの優柔不断にイライラの北山くんは、同じ理由で二階堂くんをイラつかせます。「はやく答えろよ」と威圧感たっぷりの二階堂くんに、年下のくせに生意気なヤツと腹を立てた北山くんが口を閉ざしてしまうこともありそう。

面倒なことを押しつけてくる二階堂くんに、玉森くんが拒否反応を示す相性。そのたびにナイーブな一面を持つ二階堂くんは傷つきますが、なぜか玉森くんにはいつも強気になってしまいます。とはいえ、つき合いが長くなるにつれ少しずつ円滑な関係になれるはず。

自由人な二階堂くんも、不思議と横尾くんのいうことだけは素直に聞き入れます。二階堂くんが精神的に疲れたとき、のんびり屋の横尾くんが癒しになるようです。

横尾くんも、意外に落ち込みやすい二階堂くんをかわいがります。

## 宮田くんとKis-My-Ft2メンバーの相性

宮田くんを包み込む藤ケ谷くんの愛情は、他のメンバーと比較にならないくらい大きそう。宮田くんにとって藤ケ谷くんは父のような存在。依存しているといってもいいかもしれません。

逆に宮田くんがやさしく見守っているのが玉森くん。玉森くんの気分屋なところやいい加減なところ、宮田くんの傲慢さや優柔不断なところなど、それぞれの短所も含めて大好き同士です。なにかといえば2人でつるんでふざけていそう。

どうも波長が合わないのが宮田くんと二階堂くん。きついものいいをする二階堂くんに、なにもいい返せずに黙り込む宮田くん。そんな宮田くんにさらに二階堂くんはいらだちを隠せません。そして宮田くんは恐怖感を覚えるという悪循環。この2人には第三者の存在が必要です。

# Sexy Zone

## 占い 相関図

絶賛売り出し中のSexy Zone。今以上に飛躍するためには、チームワークが必要不可欠になってきます。そんなSexy Zoneの基本的な相性は決して悪くはないのですが、なぜか一方的通行な思いを抱いているメンバーが多そう。

ただ、好奇心旺盛で柔軟性のあるメンバーが揃っているので、その性格が発揮できれば十分にチームワークのとれたグループに成長していけるでしょう。

# Sexy Zoneメンバーの相関図

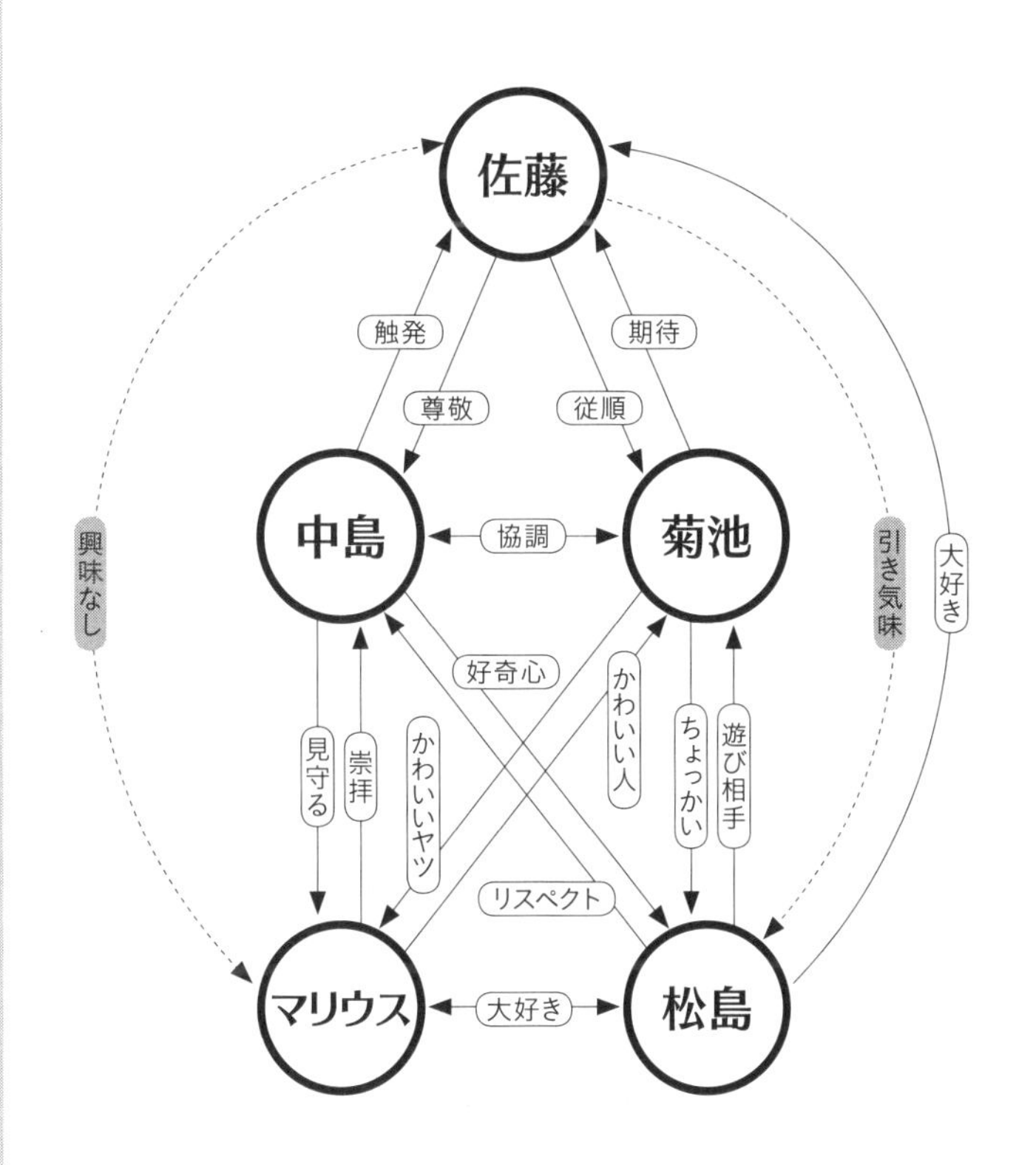


グループ活動の鍵

**中島くんと菊池くんが佐藤くんの個性を引き出せるかがカギ**

## 佐藤くんと Sexy Zoneメンバーの相性

グループ内で一番ストイックな性格である佐藤くん。意外にも中島くんは、そんな佐藤くんの一生懸命さに引きずられるようにして力を発揮します。佐藤くんも中島くんの持って生まれた美意識やプロ意識の高さに尊敬のまなざしを向けていそう。

陰の佐藤くんと、陽のマリウスくんという正反対の性格の2人。情熱的なマリウスくんを、佐藤くんは若干冷めた目で見ています。佐藤くんがマリウスくんをリードして、かわいい弟分という意識で接することができれば、関係性はよりよくなるでしょう。

## 中島くんと Sexy Zoneメンバーの相性

似ているようで似ていない中島くんと菊池くんの相性はかなりよさそう。2人のもっともプラスな共通点は「人を楽しませることが大好き」なところ。芸能人には必要不可欠な資質です。長所は互いに伸ばしながら、マイナス点は補い合いながら、ともに成長していけるベストな相性といえます。

独立心旺盛なマリウスくんが、唯一依存的に崇拝しているのが中島くんです。自分を慕ってくるマリウスくんを中島くんもかわいがりますが、少し突き放すくらいの距離感が必要。そうすることでマリウスくんの成長をうながすことができるはずです。

## 菊池くんと Sexy Zoneメンバーの相性

まだまだ潜在能力が隠れていそうな佐藤くんのよい面を引き出しているのが菊池くん。失敗すると落ち込みやすい佐藤くんを、言葉巧みに励まして気分を上昇させるのが得意なはず。そんな佐藤くんは、菊池くんのいうことには素直に従います。

逆に菊池くんがちょっかいを出しては、かまってほしいオーラを出している相手が松島くん。菊池くんが松島くんをかわいくて仕方がない相性といえます。一方、なかなか小悪魔な松島くんは、そんな菊池くんを邪険にしては楽しんでいそう。

## マリウスくんとSexy Zoneメンバーの相性

意外に子どもっぽいところのある菊池くんを、年下であるマリウスくんは「かわいい人だな」といった気持ちで眺めていそう。人を笑わせるのが得意な菊池くんに、マリウスくんが癒される相性といえます。菊池くんもマリウスくんを「かわいいヤツ」と思っているでしょう。

マリウスくんと松島くんの相性はバッチリ。情熱的なところや瞬発力があるところなど、似ている部分が多々あります。お互い好き好き感情をストレートにあらわすし、行動パターンも似ているので、一緒にいて楽しい関係です。

## 松島くんとSexy Zoneメンバーの相性

佐藤くんのことが大好きな松島くん。佐藤くんの真似をしたり、佐藤くんにスキンシップを求めたり……。本来、ベタベタする関係を好まない松島くんですが、なぜか佐藤くんだけは特別です。そんな松島くんに、佐藤くんは少々引き気味。

松島くんに対して好奇心いっぱいなのが中島くんです。どちらかというと平和主義者な中島くんですが、自分にはない、勝ち気な松島くんの言動にはものすごく興味があるのです。松島くんのほうは先輩として中島くんをリスペクトしています。

# A.B.C-Z

## 占い 相関図

率先して調和をはかろうとするタイプが不在なため、各自が勝手なことをしていたり、どちらかというと衝突しやすくまとまりのないグループといえるA.B.C-Z。

しかし、和気あいあいと馴れ合いな関係ではなく、ぶつかり合いながらストイックに絆を固めていけるグループ相性といえるでしょう。

焦らずに、各自の個性や、グループの個性をしっかり理解し、地道に活動していくことで、5人の結束力は高まります。

# A.B.C-Zメンバーの相関図

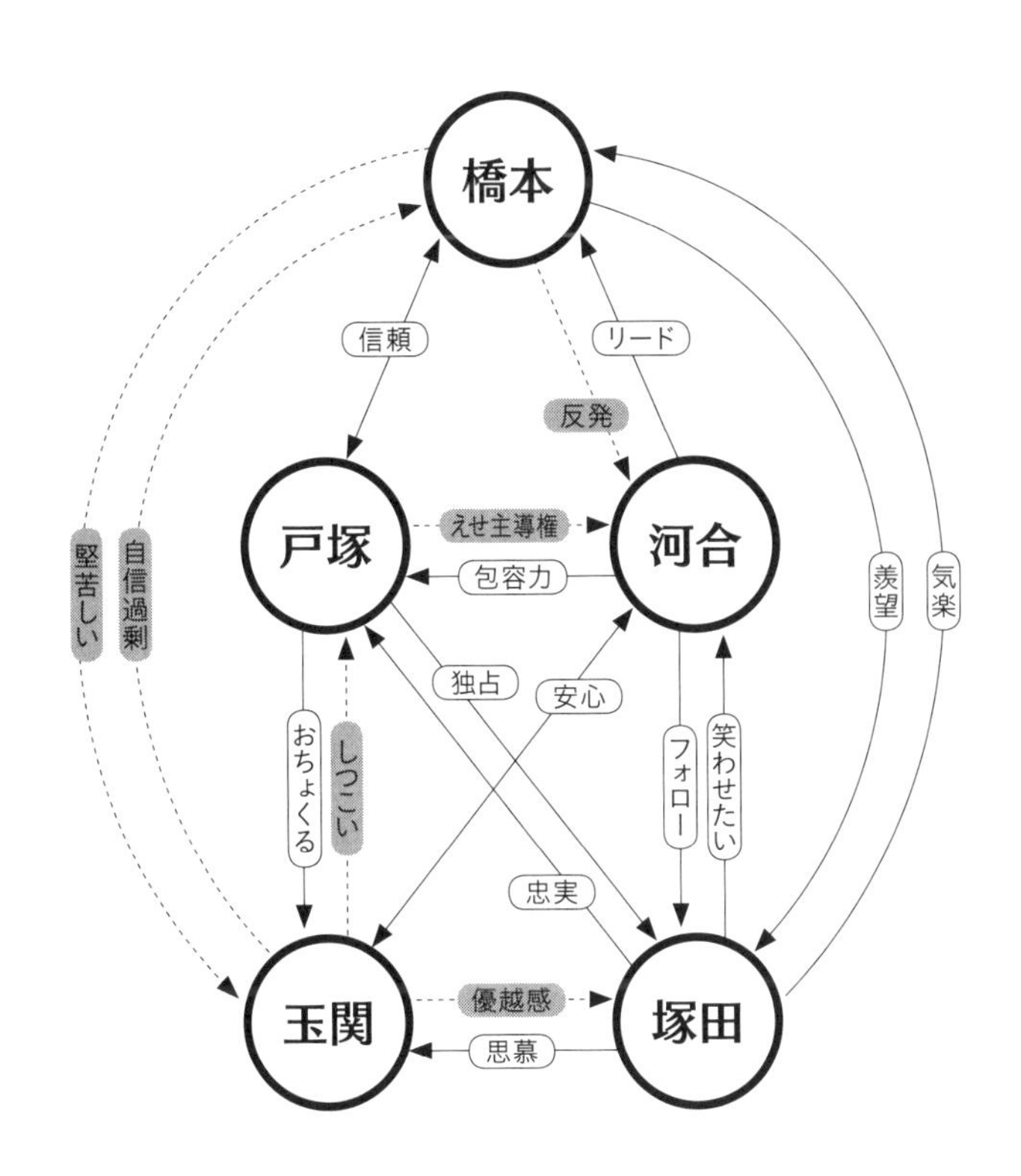


グループ活動の鍵

**河合くんが上手に橋本くんをリードして結束力アップ。**

## 橋本くんとA.B.C-Zメンバーの相性

年少さんの橋本くんと年長さんの五関くんの相性は、あまりよいとはいえないようです。

橋本くんは五関くんの少々自信過剰なところに、五関くんは橋本くんの四角四面で堅いところに、お互い疲れてしまう相性です。適度な距離感を持ってつき合うのがベスト。

意外に神経質できちっとしているところのある戸塚くんとは気が合います。

いつも一緒にいるというような仲のよさではありませんが、お互いに相手の近況にはつねにアンテナを張り、心の深いところでつながっている相性です。

## 戸塚くんとA.B.C-Zメンバーの相性

独特な世界観を持つ戸塚くんに、五関くんが興味を抱く相性です。

最初の頃は自分にはないものを持っている戸塚くんの言動をおもしろがっている五関くんですが、しだいにそのしつこさに辟易してきます。そんな五関くんをさらに困らせようと、戸塚くんはおかしな言動を繰り返します。

戸塚くんと河合くんは、親しくなるにつれて表面的には戸塚くんが主導権を握っていく相性です。

ただ、河合くんの包容力はかなりのもの。結局はどんなことでも大きな心で受け止めてくれる河合くんの手のひらで転がされている戸塚くんという関係性です。

## 河合くんとA.B.C-Zメンバーの相性

とっても相性のよい河合くんと塚田くん。テレビで見る印象どおり、つねに笑顔いっぱいの相性です。塚田くんは河合くんを笑わせるのに一生懸命だし、河合くんは意外に無鉄砲なところがある塚田くんをさりげなくフォローしてあげます。

河合くんと橋本くんはあまり足並みが揃わない相性。いろいろなことに挑戦したいタイプの河合くんと、1つのことを極めたいタイプの橋本くんなので、性格的に合わないのでしょう。

ただし、年齢的な差がある2人なので、つい視野がせまくなってしまう橋本くんを河合くんがリードしてあげられれば、グループの結束はさらに固くなるはず。

## 五関くんとA.B.C-Zメンバーの相性

五関くんととても相性のよいメンバーが塚田くん。センスのある五関くんに塚田くんの興味は尽きません。五関くんも慕ってくる塚田くんを快く思っています。

ただし、お互いに相手の欠点を受け入れられない性格でもあるので、なるべく長所だけを見るようにしましょう。

河合くんとの相性もバッチリ。価値観が似ているので話も合うし、安心できる関係です。2人だけの会話になると、お互いに話し上手の聞き上手になります。真剣な話をするときは、まずは第三者を入れずに2人で話し合うといいかも。

## 塚田くんとA.B.C-Zメンバーの相性

塚田くんが戸塚くんを大好きな相性です。意外に気が強く上から目線のものいいにはカチンとくる塚田くんですが、戸塚くんのいうことはなんでも聞きそう。そんな塚田くんを独占したがる戸塚くん。妙な関係性の2人です。

真面目すぎる橋本くんの心を解き放ってくれるのが、自由で冒険好きな塚田くん。塚田くんと一緒だと橋本くんのおもしろさが2割はアップします。塚田くんはそんな橋本くんと気楽につき合えるでしょう。

# ジャニーズ WEST

## 占い 相関図

明るいお調子者タイプや、落ち着いていてしっかり者タイプなど、バランスよく揃ったジャニーズWEST。前向きでエネルギッシュなメンバーが多いので、喜びを分かち合い、困難もみんなで乗り越えていけるでしょう。

関西ジュニア時代からの仲間とはいえ、まだ結成して間もないジャニーズWESTの場合、「いわなくてもわかるだろう」という意識は捨て、どんなことでもメンバー同士、話し合いの場を作ることが大切です。

# ジャニーズWESTメンバーの相関図

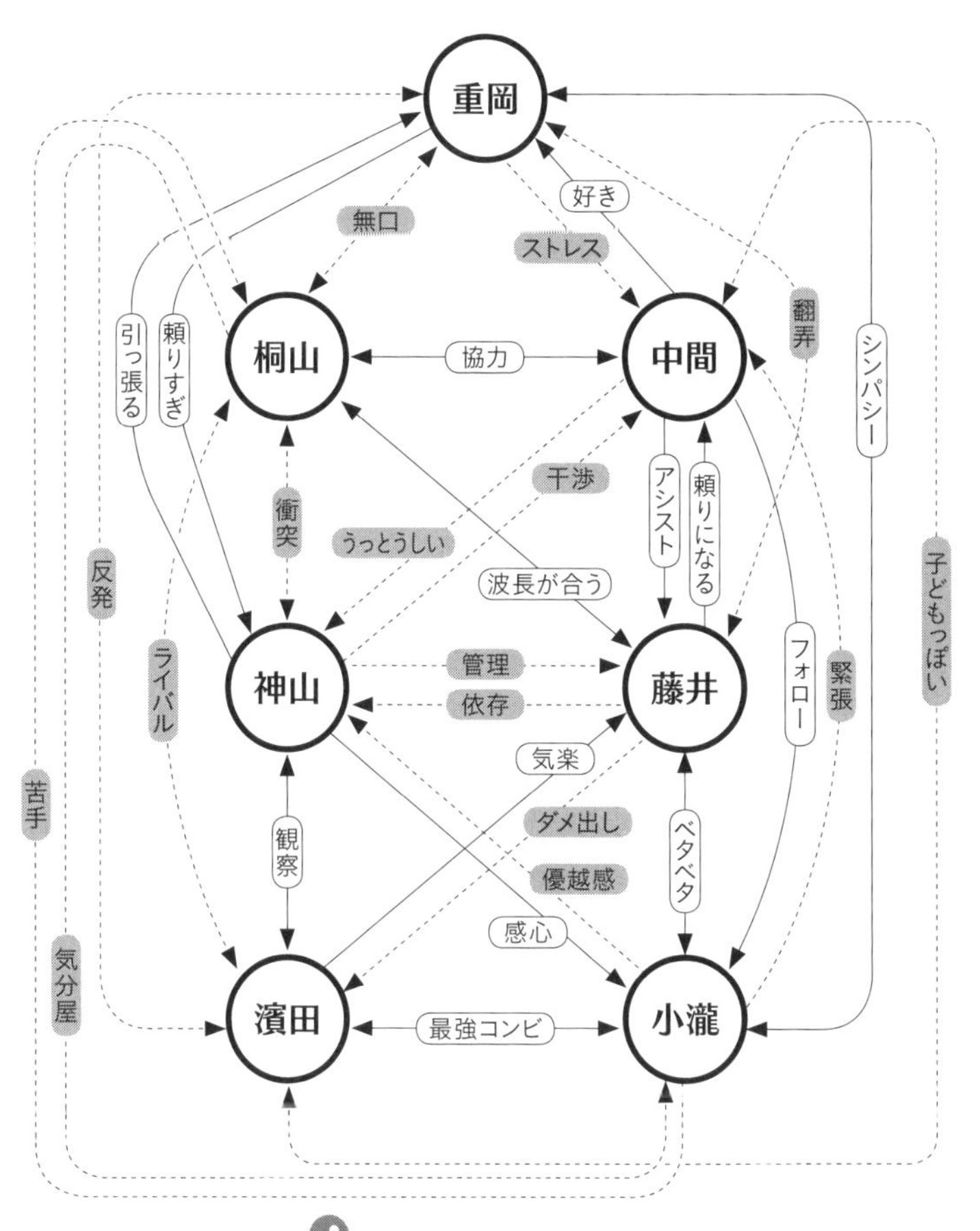


## グループ活動の鍵

**桐山くんと中間くんコンビがしっかりしていればOK。**

## 重岡くんとジャニーズWESTメンバーの相性

年齢では1つ上の重岡くんですが、母性的な神山くんのほうが重岡くんを引っ張っていく相性です。ただ、干渉を嫌う神山くんなので、重岡くんが依存しすぎると関係にヒビが……。

自由気ままな藤井くんに、重岡くんが翻弄される相性といえます。ただし、ときどき現れる重岡くんの猪突猛進ぶりに、今度は藤井くんが翻弄されるという、お互いさまな2人です。

興味の対象が似ている重岡くんと小瀧くんは、結構気が合います。好奇心旺盛な性格同士、気づけば2人してフラフラと団体行動からはずれ、寄り道してしまうなんていうことも。

## 桐山くんとジャニーズWESTメンバーの相性

お互いに頼りにしているのが桐山くんと中間くんのコンビ。場に応じて自分の役割を瞬時に察知できるタイプの2人なので、どんなことでも協力し合えるとてもよい相性です。

いつもガヤガヤしていそうな桐山くんと重岡くんですが、2人だととたんに無口になりそう。ただ、決して気まずい雰囲気なのではなく、落ち着いて静かにすごせる相性です。

桐山くんと神山くんは意見が合うときと合わないときの差が大きそう。リーダー気質の2人なので意見が合わずに衝突することも多いのですが、一致したときのエネルギーにはすさまじい威力があります。

## 中間くんとジャニーズWESTメンバーの相性

年長さんの中間くんと年少さんの小瀧くん。にぎやかな小瀧くんも中間くんの前では少しおとなしくなりそう。とはいえ、我が道をいく小瀧くんを中間くんが笑顔でフォローする相性です。

お互いに好印象を抱いている中間くんと重岡くんですが、ときどき大胆かつおおざっぱになる中間くんに、意外にナイーブな面がある重岡くんがストレスと感じてしまうことがありそう。

年長者の2人ですが、中間くんと濱田くんが揃うと、どの組み合わせよりも子どもっぽくはしゃぎ出してしまう相性。ただハメをはずしすぎないのは、無鉄砲な濱田くんを中間くんがコントロールしているからです。

## 神山くんとジャニーズWESTメンバーの相性

あまり相性がよくないのが神山くんと中間くん。場をしきりたがり、あれこれ干渉してくる神山くんに、中間くんがうっとうしく感じてしまう相性です。

やたらと藤井くんの面倒を見たがる神山くんですが、藤井くんがそれを当たり前と感じて依存してしまいがち。そうなると藤井くんは「感謝の気持ちが足らん！」と怒りそう。

神山くんと濱田くんはお互いによく観察しています。無謀なことに挑戦したくなる濱田くんに神山くんがストップをかけることもしばしば。逆に考え込みすぎる神山くんの背中を濱田くんが押してあげることも。

## 藤井くんとジャニーズWESTメンバーの相性

天然な藤井くんを中間くんがフォローという関係性なのは印象どおりですが、中間くんが一歩引いて藤井くんにイニシアチブをとらせることで、おもしろい方向にものごとが進む相性です。

大胆なようでシャイな藤井くんと桐山くんは、なかなか波長の合う相性。「恥ずかしい！」と感じることや、「やばい！」と思う瞬間が結構似ていそう。

最初はお互いに人見知りしやすい相性の藤井くんと小瀧くん。ただ、なにかの拍子に打ち解けたとたん、周囲もビックリするくらいベタベタな関係になります。

## 濱田くんとジャニーズWESTメンバーの相性

濱田くんとあまり相性のよくないメンバーが重岡くん。ペースが合わず、反発することが多い相性です。濱田くんが重岡くんのペースに合わせることで、相性はよくなっていくはず。

これまたフラストレーションがたまりやすい相性なのが濱田くんと桐山くんです。お互いに性格が似すぎているため、「負けたくない！」という競争意識がはたらいてしまうようです。

藤井くんとは楽しく気楽な関係を築ける濱田くん。メンバーからフォローされることのほうが多い藤井くんですが、唯一濱田くんにだけはあれこれダメ出しをしてきそう。

## 小瀧くんとジャニーズWESTメンバーの相性

価値観が似ている小瀧くんと濱田くんの相性はバッチリ。衝突がないわけではありませんが、後腐れのないケンカができる2人は、パワーを与え合える最強コンビです。

逆にあまり相性がよいとはいえないのが桐山くん。なぜか小瀧くんに対しては気分屋な面が前面に出てしまうため、小瀧くんは桐山くんとどう接したらいいのかわからなくなりそう。

最年少ながらいつも堂々としている小瀧くんに感心させられることが多い神山くん。ただ、そんな気持ちを素直に出しすぎると、小瀧くんが調子にのってしまうのでほどほどに。

第3章

# 相性のいいメンバーはダレだ？

# あなたとジャニーズの相性

ジャニーズのアイドルたちが「もし○○だったら……」、ファンのみなさんとはいったいどんな相性になるのでしょうか？　恋人・結婚相手・友だち・兄弟・上司、はてまた禁断の不倫相手！　大好きなメンバーとの相性を占ってみましょう。

　占い方は簡単。星座ごとに紹介しているので、自分の誕生日の星座を確認してから、該当ページを読んでください。さあ、あなたはどのアイドルとどんな相性なのでしょうか？

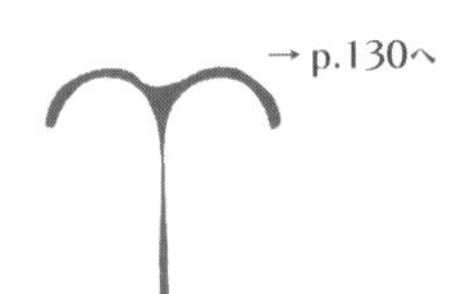

→ p.130へ

**おひつじ座**

3月21日～4月20日生まれの人

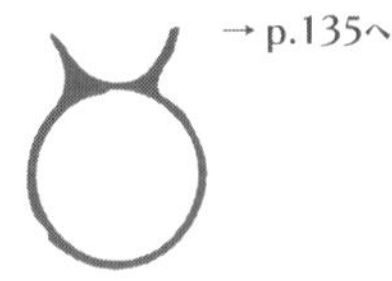

→ p.135へ

**おうし座**

4月21日～5月21日生まれの人

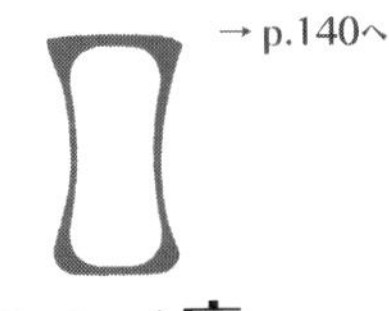

→ p.140へ

**ふたご座**

5月22日～6月21日生まれの人

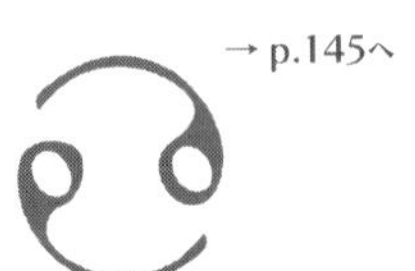

→ p.145へ

**かに座**

6月22日～7月23日生まれの人

→ p.155へ

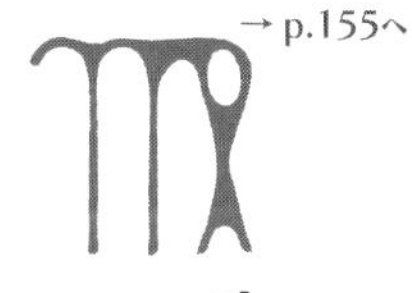

## おとめ座

8月24日～9月23日生まれの人

→ p.150へ

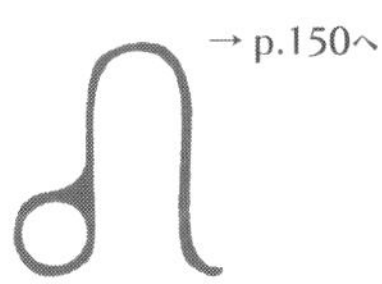

## しし座

7月24日～8月23日生まれの人

→ p.165へ

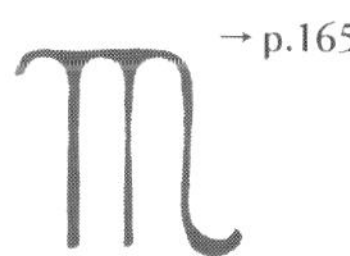

## さそり座

10月24日～11月22日生まれの人

→ p.160へ

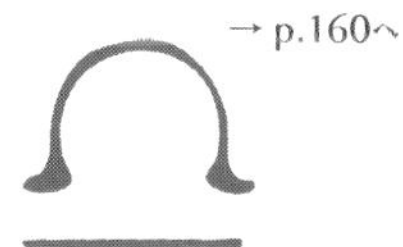

## てんびん座

9月24日～10月23日生まれの人

→ p.175へ

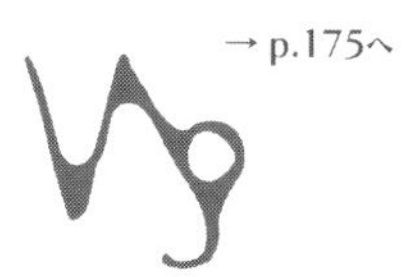

## やぎ座

12月23日～1月20日生まれの人

→ p.170へ

## いて座

11月23日～12月22日生まれの人

→ p.185へ

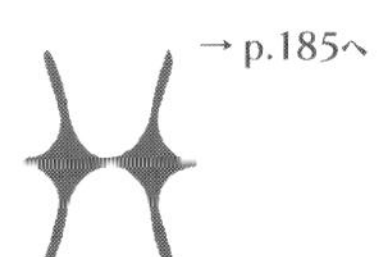

## うお座

2月20日～3月20日生まれの人

→ p.180へ

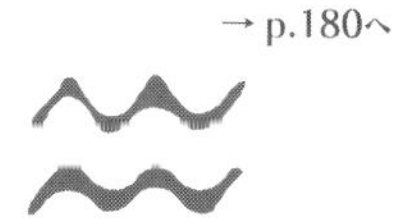

## みずがめ座

1月21日～2月19日生まれの人

# おひつじ座

3月21日～4月20日生まれの人

熱しやすく冷めやすいので、
「自担」がころころ変わります！

まずは形から。グッズ身につけ、
家を出るときからコンサートははじまる。

年上も年下も大好き。
SMAPからSexy Zoneまで
ストライクゾーン広し！

アイドルと目が合ったと思った瞬間、
「恋のはじまりだ！」の思い込み。

## おひつじ座とジャニタレの相性

**★恋人だったら相性バツグン！**
山P・藤ケ谷くん・山田くん・岡本圭人くん・中島健人くん・大倉くん・岡本健一くん

**★結婚相手だったら相性バツグン！**
手越くん・加藤くん・中間くん・河合くん

**★友だちだったら相性バツグン！**
有岡くん・千賀くん・小山くん

**★兄弟だったら相性バツグン！**
相葉くん・髙木くん・薮くん・戸塚くん・塚田くん

**★上司だったら相性バツグン！**
小瀧くん・植草くん・内海くん

**★不倫相手だったら…**
稲垣くん・山口くん・堂本剛くん・伊野尾くん・宮田くん・濱田くん

## ★恋人だったら相性バツグン！

「ジャニーズ彼がおひつじ座さんに尽くす！」

山PやKｓｉ－Ｍｙ－Ｆｔ２藤ケ谷くん、Ｈｅｙ！Ｓａｙ！ＪＵＭＰの山田くんなど、そうそうたるメンバーと恋人相性がよいおひつじ座さん。

基本的におひつじ座さんがリードして、ジャニーズ彼がおひつじ座さんに尽くすという恋人関係になりそう。特に、山田くんや大倉くん、岡本圭人くんにはその傾向が強いようです。彼らはリードされるほうがラクなタイプ。

逆に山Pや岡本健一くんはリードしたいタイプだし、リードしようとがんばりますが、主導権を握っていると思っているのは本人たちだけ。おひつじ座さんがそのプライドを、上手に満たしてあげながらも、実はリードしているのはジャニタレではなくおひつじ座さんなのです。

藤ケ谷くんと中島健人くんは、どちらかというと恋人とは対等な関係を築きたいタイプ。でも、彼らは温和で人に合わせることができるので、おひつじ座さんの望むように対応してくれそう。

## ★結婚相手だったら相性バツグン！

「刺激のあるジャニーズ夫との結婚生活」

結婚しても安定より刺激を求めるおひつじ座さん。熱しやすく冷めやすい性格でもあるため、結婚したからといって「もう恋愛は卒業」と落ち着いてしまうタイプではないので、ジャニーズ夫も安心していられません。

そんなおひつじ座さんを満足させてくれるのが、直感で恋をする手越くんや駆け引き好きな中間くんです。彼らと結婚したら、おひつじ座さん自身もオチオチしていられず、ジェットコースターのような起伏に富んだ結婚生活を送れるでしょう。よいことと悪いことのギャップが激しいけれど、一緒になって困難に立ち向かうことで、ジャニーズ夫との絆がより強くなりそう。

加藤くんと河合くんの場合、なにかと隠しごとが多いかもしれませんが、それを暴いたり、素直にさせたりすることで、おひつじ座さんの支配欲が満たされます。ただ、あまりに強引に支配しようとすると心を閉ざしてしまうタイプのジャニタレ夫なので、アメとムチを使い分けて。

## ★友だちだったら相性バツグン！

「尊敬・寛大・天然なジャニーズ友だち」

おひつじ座さんはいつも輪の中心にいるタイプ。場をしきることも多いのですが、「和気あいあい」や「馴れ合い」なつき合いよりも、友だちの間でも役割分担を決めたがります。

そんなおひつじ座さんには、「尊敬できる」「懐が広い」「ちょっと抜けている」タイプのジャニーズ友だちと相性がピッタリ。

小山くんのように自分以上に頭が切れて頼りになる相手には、無理矢理自分の意見をとおそうとせずに素直に耳を傾けます。また、千賀くんのように天然なタイプの場合、おひつじ座さんは守ってあげたいと思うはず。そして、有岡くんようにおおらかでおひつじ座さんのわがままを受け止めてくれるタイプとは、気を張らずにつき合えます。彼らとなら友情は長続きするでしょう。

## ★兄弟だったら相性バツグン！

「ジャニーズ兄は頼りになり、ジャニーズ弟は癒しになる」

明るいおひつじ座さんですが、当然落ち込むこともあれば、1人で解決できない悩みを抱えることもあります。

おひつじ座さんの場合、そんなときに頼りにするのが恋人や友だちよりも血のつながった家族です。家族には弱音も吐くし、愚痴を聞いてもらったりもします。

高木くん、藪くん、戸塚くん、塚田くんは、まさにお兄ちゃんタイプ。おひつじ座さんの悩みを親身になって聞いてくれるし、適切なアドバイスもしてくれそう。ふだんは人の意見をあまり聞かないおひつじ座さんも、ジャニーズ兄の言葉はしっかり心に刻みます。

相葉くんは、気の強いおひつじ座さんを天真爛漫な笑顔で癒してくれる弟タイプ。直接的な悩みの解決にはなりませんが、前向きな気持ちにしてくれる最強のジャニーズ弟です。

## ★上司だったら相性バッグン！

「子どもの心を持ったジャニーズ上司」

自信家のおひつじ座さんは、自分の意見をきちんというし、合理的にものごとを進めるので仕事もはやいタイプ。周囲には「仕事ができる人」と評価されるため、得てして傲慢になりがち。上から目線でものをいう上司には、むやみに反発したくなります。

ところが、多少わがままで気がきかなくても、小瀧くんや内海くんのように純粋で子どもっぽい上司には従順になる傾向があります。庇護欲をそそられるのか、彼らをフォローしてあげなくてはいけないと感じてしまうようです。

また、植草くんのようにつかみどころのない上司にも興味をそそられるおひつじ座さん。自分の想像を超えた言動をする人にはもっと相手を知りたいと、おひつじ座さんから積極的にコミュニケーションをはかります。

## ★不倫相手だったら…

「自由でいたい、でも束縛されたい」

おひつじ座さんは、基本的に強制されることを嫌うタイプ。あまりにも「ルール」を押しつけられると、悪いことだとわかっていてもやりたくなってしまうタイプの典型です。

当然、おひつじ座さんに「不倫はいけないこと」という認識はありますが、ダメだからこそ一度は経験したいと思ってしまうのがおひつじ座さんの悪いクセ。

ふつうに恋愛をしたり結婚をするなら、断然自分がリードするほうを選びますが、不倫だと反対のタイプに惹かれそう。山口くん、伊野尾くん、濱田くんタイプとの支配される関係です。道ならぬ恋に溺れてしまった「悲劇のヒロインの私」に酔いしれます。

とはいえ、願望と現実は異なり、実際におひつじ座さんが不倫をするのは、後腐れがなさそうな自由人・稲垣くんタイプか、主導権を握りやすい堂本剛くん、宮田くんタイプでしょう。彼らとの不倫は、ふつうの恋愛と変わらないので、そこまでのめり込むことはなさそう。

# おうし座

4月21日〜5月21日生まれの人

こだわり屋さんは、
ウチワ作りも丁寧です。

ルールは守る!
ダフ屋のチケットなんて買いません!

近くにアイドルが!
でも恥ずかしくて握手できず…。

頑固者は、「自担」だけを
一途に愛します!

## おうし座とジャニタレの相性

★恋人だったら相性バツグン!
千賀くん・伊野尾くん・五関くん・神山くん

★結婚相手だったら相性バツグン!
香取くん・松岡くん・井ノ原くん・マッチさん

★友だちだったら相性バツグン!
山田くん・大倉くん・横尾くん・錦織くん

★兄弟だったら相性バツグン!
まつじゅん・稲垣くん・小山くん・有岡くん・菊池くん・橋本くん・滝沢くん・内海くん

★上司だったら相性バツグン!
城島くん・松島くん・マリウスくん・岡本健一くん

★不倫相手だったら…
山P・横山くん・錦戸くん・二階堂くん・中山くん・あっくん

## ★恋人だったら相性バッグン！

「強引なジャニーズ彼との熱愛！」

ちょっと臆病で神経質なところがあるおうし座さん。恋愛に慎重かと思いきや、意外にも簡単に流されてしまうタイプです。

というのも、恥ずかしがり屋で自分からアプローチすることが苦手なうえに優柔不断。積極的に迫られると断り切れないのです。

ただ、おうし座さんの場合は引っ張ってくれるタイプとの相性がよいので、多少自分勝手で強引な千賀くんや五関くん、神山くん、少々嫉妬深い伊野尾くんのようなタイプとのほうが長続きしそう。最初はついていくだけで精一杯ですが、ジワジワと気持ちが高まり、しまいにはおうし座さんのほうが積極的にジャニーズ彼を束縛してしまいます。ただし、神山くんは束縛されるのを嫌うので、このタイプの場合は干渉しすぎないよう、注意が必要です。

## ★結婚相手だったら相性バッグン！

「ジャニーズ夫におうし座さんが内助の功」

恋愛では流されてしまいがちなおうし座さんですが、結婚となるとしっかり者の面が頭をもたげます。「スピード結婚？　できちゃった結婚？　そんなの絶対あり得ない！」というタイプ。きちんと相手を吟味して、安定した結婚生活が送れる相手を選びます。

恋愛時代は従順だったおうし座さんが、結婚したとたんにジャニーズ夫の手綱も財布の紐も握ることになります。

そのため、結婚相手には操縦しやすい香取くんやマッチさんタイプがピッタリ。松岡くんもどちらかというと扱いやすいタイプです。

逆に、井ノ原くんのようにつき合ううえでメリットを求める面がある人なら、おうし座さんが手綱を握らなくても、計画的に安定した結婚生活が送れるでしょう。すべてまかせてしまっても問題ありません。

## ★友だちだったら相性バッグン！

「ペースが合うジャンタレ友だち」

おうし座さんは基本的にのんびりしているので、周囲から急かされると焦ってしまい失敗してしまいがち。そんな環境はストレスがたまりやすいので、友だちは同じペースでつき合えるタイプがベストです。

山田くん、大倉くん、横尾くんとはとても楽しくてラクな関係が築けそう。彼らとおうし座さんはがんばり屋という点でも共通していますが、ペースが同じなら、ムリせずに一緒に目標を達成することができるでしょう。

また、そんながんばり屋のおうし座さんには、ひたすら笑わせてくれる錦織くんのようなタイプの友だちも必要です。端から見ればたいした問題ではないことに悩んでしまったり、ちょっとした失敗に落ち込んでしまいがちなおうし座さんを、前向きな気持ちにしてくれます。

## ★兄弟だったら相性バッグン！

「気配り上手のジャニーズ兄・八つ当たりしやすいジャニーズ弟」

がまん強いおうし座さんは、辛いことや悲しいこと、嫌なことがあっても誰にも打ち明けられずに、1人でがんばりすぎてしまうところがあります。

とはいえ、落ち込むと周りが見えなくなってしまうおうし座さん。辛い気持ちを隠し切れずに態度に出してしまうことが多々あります。そんなおうし座さんのSOSを見逃さずにキャッチしてくれる、思慮深いジャニーズ兄がまつじゅん、小山くん、菊池くん、橋本くんです。彼らとの兄弟相性はバッチリ。

逆に弟タイプの稲垣くん、有岡くん、滝沢くん、内海くんは、なにをされても、なにをいわれてもどこ吹く風な性格の持ち主。八つ当たりする相手にはピッタリです。おうし座さんが唯一、マイナスな気持ちをぶつけられる相手がジャニーズ弟かもしれません。

## ★上司だったら相性バッグン!

「活動的かつ衝動的なジャニーズ上司」

おうし座さんは地道にコツコツと仕事に取り組むタイプなので、時間はかかっても丁寧で確実に成果をあげることができます。性格上、リーダーシップを発揮することはありませんが、縁の下の力持ち的なおうし座さんの活躍には誰もが一目置いているはず。

そんなおうし座さんが自信を持って仕事に取り組める上司は、明るくて積極的だけど、短気だったり視野がせまかったり、細かい作業が苦手なタイプです。完璧すぎる上司だと、どうしても気後れしてしまい、おうし座さんのよい面がなかなか発揮できません。

ジャニーズ上司では城島くん、松島くん、マリウスくん、岡本健一くんとの相性がよさそう。振り回されることも多いのですが、彼らを補佐し、仕事を成功させることで、おうし座さんはどんどん自信をつけていきます。

## ★不倫相手だったら…

「ミステリアスタイプと危険な恋！」

基本的には「道徳に反する不倫なんて、とんでもない！」というタイプのおうし座さん。しかし日頃、感情を抑えることが多いおうし座さんなので、ときどき爆発して極端な行動に出てしまうことがあります。

おうし座さんの場合、不倫関係になるとなぜかミステリアスでつかみどころのない、少々変わったタイプに惹かれてしまいます。錦戸くん、中山くん、あっくんはその典型といえるでしょう。横山くんに関しては、ミステリアスとはちょっと違いますが、鈍感な部分がそう見えてしまうことがあるようです。

ただし、気をつけなければならない点が1つ。おうし座さん主導で不倫関係に陥るのならまだいいのですが、山Pや二階堂くんタイプが近づいてきた場合、断わり切れずになんとなく流されて不倫関係になってしまうと、おうし座さんの罪悪感は何倍にもなってしまいます。

# ふたご座

5月22日～6月21日生まれの人

流行大好き!
新しいグループも大好きです。

うるさいファンには、
「空気を読め!」とピシャリと一喝。

ちゃっかり屋さんで、出待ちは
いつの間にやらよい場所確保。

アイドルが目の前にきても、
クールに微笑。

## ♊ ふたご座とジャニタレの相性

**★恋人だったら相性バツグン!**
藤ヶ谷くん・草彅くん・横尾くん・
有岡くん・橋本くん・小瀧くん・錦織くん

**★結婚相手だったら相性バツグン!**
木村くん・大野くん・岡田くん・
宮田くん・濱田くん

**★友だちだったら相性バツグン!**
井ノ原くん・手越くん・横山くん・
伊野尾くん・桐山くん・翼くん

**★兄弟だったら相性バツグン!**
香取くん・増田くん・田口くん・知念くん・
八乙女くん・佐藤くん・五関くん

**★上司だったら相性バツグン!**
稲垣くん・坂本くん・長野くん・渋谷くん

**★不倫相手だったら…**
二宮くん・櫻井くん・三宅くん・滝沢くん・
村上くん・大倉くん・千賀くん・中間くん・
重岡くん・マッチさん

## ★恋人だったら相性バッグン

「友だちのようなジャニーズ彼」

それほど恋愛にのめり込むタイプではないふたご座さん。どちらかというとクールで、ベタベタしていない、気楽で自由な関係を好む人が多いようです。

そんなふたご座さんにピッタリなのは、友だち感覚でつき合えるジャニーズ彼。横尾くん、有岡くん、橋本くん、錦織くんです。彼らとなら、束縛し合わない対等な関係が築けるはず。

反面、気まぐれなところがあるふたご座さんには、多少ウザくてもつねに心配してくれる彼が必要かも。ジャニーズ彼だと藤ケ谷くんや草彅くんタイプです。彼らにしっかりと守ってもらう恋愛も悪くありません。

小瀧くんは少々例外。小瀧くんの恋愛シミュレーションいかんで、恋愛傾向がどう転ぶかわかりません。上記のタイプのどちらかであれば、もちろん相性はバッチリですが、小瀧くん自身が気まぐれ。そんな小瀧くんの性格にふたご座さんが合わせられれば、楽しい日々が送れるでしょう。

## ★結婚相手だったら相性バッグン!

「誠実で正直者のジャニーズ夫」

社交的で、誰とでもすぐに仲良くなれるふたご座さんですが、結婚相手にはかならずしも人づき合いが得意な人を望むわけではないようです。ふたご座が旦那さんに求めるのはただ1つ、ウソのつけない正直者。優柔不断でも、消極的でも、口ベタでも、そのへんは気にしません。

ジャニーズ夫として相性のよい木村くんは、ダントツの誠実さの持ち主。大野くんと濱田くんも正直で愛情深いタイプなので相性はピッタリでしょう。宮田くんの場合、夢見がちなところがあるので少々イラつくこともあるかもしれませんが、根が真面目で臆病なので、ふたご座さんを裏切ることはありません。

唯一、奔放な岡田くん。このタイプはふたご座さんの偏見を持たない公平な部分に惹かれるようです。遊び人とまではいかないにしても、決して恋愛に真面目ではないタイプですが、不思議とふたご座さんとは誠実に向き合ってくれるので相性は◎。

## ★友だちだったら相性バツグン!

「不真面目そうだけど、実は生真面目なジャニーズ友だち」

「静と動」、「積極と消極」など、二面性のあるふたご座さんは、表面的には適当に見えてしまうこともありますが、内実はモラルがあって正義感の強いタイプ。

ふたご座さんと相性のよい友だちも同じようなタイプです。特に手越くん、伊野尾くん、翼くんとの友だち相性はベスト。彼らもふたご座さんもふだんはチャラチャラしているし、落ち込んでいても元気な素振りを見せるタイプですが、精神的にまいっているときはお互いにちゃんと見抜くことができます。

また、ふたご座さんは、生真面目そうに見えて不真面目な人はすぐに見抜き近寄りませんが、不真面目そうに見えない、ただの生真面目さんである井ノ原くん、横山くん、桐山くんとは相性バツグンです。

## ★兄弟だったら相性バツグン！

「ジャニーズ兄は背中を見せ、ジャニーズ弟は背中を引っ張られる」

ふたご座さんと兄弟相性がよいジャニーズは、背中で生きざまを見せてくれる男らしい兄と、心配で目が離せない年下らしい弟です。頭もいいし、しっかりしているように見られがち。でもときどき小心者になってしまうふたご座さんに、選ぶべき道を示してくれるジャニーズ兄は、知念くん、八乙女くん、佐藤くん、五関くんです。ジャニーズ兄たちのチャンスを逃さない機転や、地道に努力する姿勢は、言葉にしなくてもふたご座さんに大切なことを教えてくれることでしょう。

逆に危なっかしくて目が離せないジャニーズ弟は、香取くん、増田くん、田口くんです。悪ふざけをしすぎたり、頑固になりすぎたりすると、ジャニーズ弟にふたご座さんの鉄拳が飛んで、お説教タイムがはじまりそう。

## ★上司だったら相性バツグン！

「毅然としたジャニーズ上司とフレンドリーなジャニーズ上司」

二面性のあるふたご座さんは、相性のよいジャニーズ上司も真逆の2タイプ。上司然とした威厳のあるタイプと、友だちのように親しみやすい上司です。

前者のジャニーズ上司は、坂本くんと渋谷くん。彼らの部下として働くとふたご座さんの機転のよさが発揮され、仕事はスムーズにすばやく片づきます。若干、融通のきかないジャニーズ上司ではありますが、計画的にものごとを進めるので、経理や総務の仕事の場合、このタイプの上司との相性はよりアップします。

後者のジャニーズ上司は稲垣くんと長野くん。彼らの部下になるとふたご座さんは自由な発想でのびのびと楽しく仕事ができるでしょう。営業や企画の仕事だと、このタイプの上司がベスト。

## ★不倫相手だったら…

「一時的に周りが見えなくなって禁断の愛に走る」

恋愛の数は少なくありませんが、奔放というほどではないふたご座さん。ところが、持続力よりも瞬発力にまさっているせいか、一時の衝動にかられて禁断の世界に足を踏み入れてしまうことがあります。

そんなふたご座さんの不倫相手もまた、同じようなタイプのジャニーズ、二宮くん、櫻井くん、三宅くん、滝沢くん、村上くん、大倉くん、千賀くん、中間くん、重岡くん、マッチさんです。

大倉くん以外のジャニーズは、瞬間的に盛り上がって、一気に冷めてしまうタイプ。不倫関係にのめり込むことはないので、簡単に別れ話を切り出します。ふたご座さんもそのへんは心得ておきましょう。

唯一、大倉くんだけは、自分から別れ話をしてくることはなさそう。かといって、しつこくつきまとうタイプでもないので、ふたご座さんの意思で不倫に陥ったり、清算したりできるかも。

# かに座

6月22日〜7月23日生まれの人

母性がくすぐられる、
年下ジャニタレ大好き。

「同担」にも、秩序を乱さず
礼儀正しく接します。

「チケット安く売ります」、
ネット売買は信用できない!

振り回されるのが大好き、
「自担」色に染まりたい!

## かに座とジャニタレの相性

**★恋人だったら相性バツグン!**
中居くん・坂本くん・加藤くん・二階堂くん・中島裕翔くん・藤井くん・戸塚くん

**★結婚相手だったら相性バツグン!**
玉森くん・髙木くん・薮くん・伊野尾くん・桐山くん・塚田くん

**★友だちだったら相性バツグン!**
生田くん・増田くん・橋本くん・五関くん・中間くん・神山くん

**★兄弟だったら相性バツグン!**
大野くん・城島くん・手越くん・横山くん・渋谷くん・中丸くん・千賀くん・岡本圭人くん・岡本健一くん

**★上司だったら相性バツグン!**
草彅くん・国分くん・井ノ原くん・小山くん・錦戸くん・田口くん・中島健人・あっくん

**★不倫相手だったら…**
中居くん・藤ケ谷くん・有岡くん・小瀧くん

## ★恋人だったら相性バツグン！

「そっけないジャニーズ彼に、かに座さんの母性本能がくすぐられる」

女性的で愛情深いかに座さんは、恋愛にいつも一生懸命です。尽くされるより、尽くしたいタイプなので、「重い」という理由でフラれてしまうことも少なくありません。

そんなかに座さんにピッタリのジャニーズ彼は、中居くんのように尽くすより尽くされたいタイプか、坂本くん、藤井くん、戸塚くんのような恋愛に無頓着なタイプです。どちらのタイプとの恋愛も、かに座さんの母性本能がかなり刺激されることでしょう。

加藤くん、二階堂くん、中島裕翔くんについては、恋愛に積極的なタイプですが、子どもっぽかったり、危なっかしいところに庇護欲をそそられるようです。主導権を握りたがるタイプではありますが、包容力に欠ける彼らなので、かに座さんの尽くす性格を存分に発揮できるはず。

## ★結婚相手だったら相性バツグン！

「かに座さんを悪気なく振り回すジャニーズ夫」

かに座さんは優柔不断なわけでも、意思が弱いわけでもありませんが、結婚となると自分の気持ちよりも相手に合わせようとするタイプ。そして、旦那さんが求める妻になりたいと思ってしまうのです。

ジャニーズ夫に振り回されるのも、かに座さんにとっては愛情の確認だったりします。振り回されるたびに、「彼は私にだけわがままになれる」とか「彼には私が必要」と感じるのです。

不用意な言葉で相手を傷つけることがある玉森くんや髙木くんはその典型。かに座さんはジャニーズ夫が自分にだけ心を許してくれていると満足します。

また、やたらと相手に愛情を求める藪くんや桐山くんには無償の愛をそそぎます。そして、面倒くさい伊野尾くんや、ヘタレな塚田くんのことはほうっておけません。それぞれタイプは異なりますが、かに座さんを振り回す才能はピカイチなジャニーズ夫たちです。

## ★友だちだったら相性バツグン！

「空気を読むのが得意なジャニーズ友だち」

結構疑り深いところがあるかに座さんなので、ヘラヘラしていたり、あまりにもいい人ぶっているような偽善者には近寄りません。感受性が鋭いのでそういう人はすぐに見破ります。

そんなかに座さんには、場の空気を読むことに長けていて、かに座さんの気持ちをすぐに察知してくれる、生田くん、増田くん、橋本くん、五関くん、中間くん、神山くんとの友だち相性がグッドです。

新しいもの好きな、生田くん、五関くん、中間くんは、かに座さんにいつも刺激をくれます。彼らと一緒にいると、かに座さんは行動的になれるでしょう。

そして包容力のある、増田くん、橋本くん、神山くんは、かに座さんにいつも変わらない安心感を与えてくれます。

## ★兄弟だったら相性バツグン！

「がんばりすぎるジャニーズ兄を助け、賢いジャニーズ弟に助けられる」

家族をとても大切にするかに座さんは、兄弟とも互いに助け合いながらよい関係を築けるタイプです。

情に厚く頼りになるかに座さんなので、年上のジャニーズ兄に対しても面倒見のよさを発揮します。がんばりすぎる傾向のあるジャニーズ兄の、城島くん、横山くん、渋谷くん、岡本圭人くんに対しては、肩の力を抜くようにアドバイスする、しっかり者の妹になります。

逆に少々気分にムラがあるかに座さんを、ジャニーズ弟の、大野くん、手越くん、中丸くん、千賀くん、岡本健一くんが助けてくれます。彼らはみんな賢いけど、適度に手を抜くことができるタイプ。かに座さんがジャニーズ弟から肩の力を抜く方法を教えてもらえそう。周囲に羨ましがられる、仲良し姉弟になるでしょう。

## ★上司だったら相性バツグン！

「寛大でぶっとんだジャニーズ上司」

常識的で、集団行動の足並みを乱すことが大嫌いなかに座さん。特に仕事においてはその傾向が強くなります。

そのため、「尊敬する上司」はやはりそういった点がしっかりしている人。ジャニーズ上司では、井ノ原くん、小山くん、あっくんです。誉めて伸ばすことより、欠点を埋めるために厳しく指導してくれる彼らとは足並みを揃えて、典型的な上司と部下の関係を築くことができるでしょう。

しかし、かに座さんがより仕事で力を発揮するためには、そういった上司とは異なるタイプのほうがいいかもしれません。

礼儀や秩序を含め、失敗にさえも寛大な草彅くん、国分くん、田口くん、またはまったく真逆のぶっとんでいる錦戸くんや、中島健人くんタイプの上司のほうが、かに座さんの新たな力を引き出してくれます。

## ★不倫相手だったら…

「絶対に不倫なんてしそうにないジャニーズ」

秩序を重んじるかに座さんなので、当然不倫は御法度。自分が既婚者ならもちろんですが、相手が結婚しているとわかった時点で、その人は恋愛対象外になります。

そんなかに座さんが禁断の愛に走ってしまうとしたら、同じく「不倫なんて絶対にムリ！」というタイプです。

ジャニーズでは、中居くん、藤ケ谷くん、有岡くん、小瀧くんです。ふつうでも面倒な関係を嫌う中居くんと小瀧くんは、不倫なんてもってのほか。また、藤ケ谷くんと有岡くんは恋愛相手とはしっかりとした信頼関係を築くタイプなので、それを裏切るような行動はしません。

万が一、かに座さんとジャニーズが思いがけず不倫関係に陥ってしまったとしたら、一時の火遊びでは終わらず、お互いに本気になってしまうでしょう。

# しし座

7月24日～8月23日生まれの人

ジャニタレに会えるなら、
手段を選ばず!

大胆な行動で、
ジャニタレの気を惹きます。

集団行動は苦手、
コンサートは1人で参戦。

独占欲が強いので、
「同担拒否」です!

## しし座とジャニタレの相性

**★恋人だったら相性バツグン!**
まつじゅん・二宮くん・国分くん・増田くん・中丸くん・北山くん・宮田くん

**★結婚相手だったら相性バツグン!**
山口くん・長瀬くん・堂本光一くん・堂本剛くん・三宅くん・森田くん・千賀くん・有岡くん・八乙女くん・東山くん

**★友だちだったら相性バツグン!**
坂本くん・中島裕翔くん・藤井くん・小瀧くん・マッチさん・植草くん

**★兄弟だったら相性バツグン!**
中居くん・丸山くん・大倉くん・亀梨くん・横尾くん・重岡くん

**★上司だったら相性バツグン!**
山P・香取くん・松岡くん・塚田くん

**★不倫相手だったら…**
草彅くん・山田くん・加藤くん・渋谷くん・安田くん・上田くん・佐藤くん・菊池くん

## ★恋人だったら相性バツグン！

「距離感バツグンのジャニーズ彼か流され上手のジャニーズ彼」

独占欲が強いしし座さんは、「隠しごとがないなら問題ないでしょう」と、彼の携帯電話を見るのは当然と考えるタイプ。とはいえ、自分は自由気ままでいたいという、少々厄介な性格といえるでしょう。

しし座さんの場合、完全にしし座さんの独占欲を受けいれてくれる、増田くん、北山くん、宮田くんとの恋人相性がもっともよいようです。恋愛に臆病だったり、お人好しだったりとタイプは異なりますが、どちらにせよしし座さんの強引さに流されてしまうジャニーズ彼です。

まつじゅん、二宮くん、国分くん、中丸くんタイプとの相性も悪くありません。彼らの場合、しし座さんの気分を損ねずに適度な距離感を保つのが上手なので、独占欲もなんとなく抑えられてしまうのです。ただし、こちらのタイプはしし座さんのわがままが度を超すと、気持ちが離れてしまいやすいので要注意。

## ★結婚相手だったら相性バツグン！

「プライド、好奇心、自由、どれかを満たすジャニーズ夫」

しし座さんなら誰しも、これだけは譲れない、許せないというものがあります。なかでも優先順位が高い傾向にある項目が「プライドを傷つけられるのが大嫌い」、「好奇心には勝てない」、「自由でいたい」。

プライドを傷つけられるのが嫌いなしし座さん

とピッタリのジャニーズ夫は、一途にしし座さんを愛し続けてくれる、山口くん、堂本剛くん、森田くん、有岡くん、東山くんです。

好奇心には勝てないしし座さんにピッタリのジャニーズ夫は、配慮には欠けるものの、その言動になぜか惹かれる、堂本光一くん、三宅くん、八乙女くんです。

そして、自由が一番というしし座さんにピッタリのジャニーズ夫は、恋愛にオープンで気楽につき合える長瀬くんと千賀くんです。

## ★友だちだったら相性バツグン！

「自己主張がはっきりしていて、１人行動が得意なジャニーズ友だち」

集団行動が苦手で、１人で行動することの多いしし座さんは、当然ベタベタした友だち関係を嫌います。また、優柔不断でＹｅｓ、Ｎｏの判断が鈍かったり、ウジウジしていてはっきりと自分の意見をいわない人も苦手。

そんなしし座さんと相性のよいジャニーズ友だちは、自分の世界を持っている、坂本くん、マッチさん、植草くんや、独立心があってはっきり自分の意見をいう、中島裕翔くん、藤井くん、小瀧くんです。

どのタイプのジャニーズ友だちとも、会うときは頻繁に会うけど、会わなくなると数か月会わないこともある関係性ですが、そんな距離感がしし座さんにはちょうどいいのです。

## ★兄弟だったら相性バツグン！

「ジャニーズ兄弟、しし座さんのお手本になる」

明るくて派手好きの傾向があるしし座さんは、

よくも悪くも目立つ存在。それは味方も多いけど、同じだけ敵もいるということです。基本的には周囲の評価など気にしないしし座さんですが、そうはいってもできるだけ敵は減らしたいと思うのは当然のこと。

そんなしし座さんのよいお手本になるジャニーズ兄は、中居くん、丸山くん、重岡くんです。彼らは親しみやすく敵を作りにくいタイプ。ムリせずうまく人とつき合うための術を教えてくれるでしょう。

そして、これまたしし座さんのよいお手本になるジャニーズ弟は、大倉くん、亀梨くん、横尾くん。彼らは結構疑り深いタイプなので、ときどきお人好しになってしまうしし座さんに、好意がありそうな振りをして近づいてくる「えせ味方」の見分け方を教えてくれそう。

## ★上司だったら相性バツグン！

「夢想家のジャニーズ上司と冒険家のジャニーズ上司」

しし座さんの性格のなかで、仕事にいかされると大きな力になるのが「理想主義」と「行動力」です。この2つが同時に発揮されれば、しし座さんが大好きな「賞賛」を受けること間違いないでしょう。

そこで、ぜひ上司に迎えたいのが「夢想家」タイプと「冒険家」タイプ。ジャニーズ上司では前者が香取くんと松岡くん、後者が山Pと塚田くんです。

「夢想家」上司からは自由な発想を学ぶことができます。香取くんや松岡くんとなら、世間があっと驚くような発明を思いつくかもしれません。

そして、そのひらめきを形にするためには冒険心を持ってさまざまなことにチャレンジする精神が必要です。チャレンジャーで好奇心旺盛な山Pや塚田くんとなら、ひらめきを形にすることができるでしょう。

## ★不倫相手だったら…

「遊びだったり、本気になられたり、本気になったり」

しし座さんの大胆な性格は恋愛にも発揮されるため、不倫も恋愛の1つの形と、さほど罪悪感を覚えないタイプです。

同じように、遊び感覚でしし座さんと不倫関係を楽しめるのが、上田くんと菊池くん。お互いに本気になることはありませんし、どちらかの配偶者に気づかれるようなヘマもしません。

しし座さんとの不倫にのめり込んでしまいそうなのが、草彅くん、加藤くん、渋谷くん、佐藤くんです。彼らはみんな真面目な性格ゆえに、最初は多少の罪悪感を覚えますが、一線を越えてしまったらブレーキがきかなくなりそう。

不倫は御法度タイプの山田くんと安田くんに対しては、しし座さんが大胆かつ手段を選ばない方法で禁断の世界に引きずり込みます。そして、しし座さんが山田くんと安田くんにのめり込んでしまうという関係に。

# おとめ座

8月24日〜9月23日生まれの人

気づかいさんは、後ろの席の人の
「自担」が近づいたら中腰です。

「○○ちゃん、その髪型かわいい〜」、
心のなかでは（全然似合ってないけど）。

夢見がち、いつかは
ジャニタレのお嫁さん。

「○○くんて本当は繊細だと思うんだ」と、
得意げに「自担」分析。

## おとめ座とジャニタレの相性

**★恋人だったら相性バツグン！**
長野くん・井ノ原くん・佐藤くん・東山くん

**★結婚相手だったら相性バツグン！**
重岡くん・マリウスくん・内海くん・岡本健一くん

**★友だちだったら相性バツグン！**
まつじゅん・相葉くん・安田くん・北山くん・二階堂くん・内くん・中山くん・あっくん

**★兄弟だったら相性バツグン！**
二宮くん・松岡くん・上田くん・河合くん・藤井くん

**★上司だったら相性バツグン！**
長瀬くん・堂本光一くん・堂本剛くん・三宅くん・森田くん・薮くん・濱田くん

**★不倫相手だったら…**
中居くん・香取くん・国分くん・翼くん・丸山くん・北山くん・松島くん・橋本くん・桐山くん・神山くん

## ★恋人だったら相性バツグン！

「おとめ座さんとジャニーズ彼の真剣な恋」

おとめ座さんは遊びでつき合うことはできないタイプ。いつでも恋には真剣だし、相手にもそれを求めます。

そのため、見た目がチャラい人はもちろん、プレイボーイなんていう噂を一度でも耳にしようものなら、その人には恋愛感情どころか、好意すら持つことはありません。

おとめ座さんと恋人相性がよい長野くん、井ノ原くん、佐藤くん、東山くんも、例外なく真面目なタイプです。

つき合い出したらおとめ座さんのことしか考えない一途な長野くんや東山くん、ひと目ボレで恋に落ちることはなく、相手を吟味してからつき合い出す井ノ原くん、カッコつけはするけど不器用さがにじみ出てしまう佐藤くんなど、真摯な態度で向き合ってくれるジャニーズ彼です。

## ★結婚相手だったら相性バツグン！

「おとめ座さんをお姫さまのように扱うジャニーズ夫」

恋愛相手は慎重に選ぶおとめ座さんですが、なぜか結婚となると勢いで決めてしまう人が少なくありません。特に失恋した後や、仕事で失敗して落ち込んでいるときにやさしく声をかけてくれた人にコロッといってしまう傾向が。

ただ、おとめ座さんの場合は、慎重すぎて真剣に考えすぎると結婚が遅くなる可能性があるので、衝動的に湧いた「この人と結婚しよう！」という気持ちに素直になったほうがよさそう。

ジャニーズ夫に選ぶなら、重岡くん、マリウスくん、内海くん、岡本健一くんとの相性がよいでしょう。

重岡くん、マリウスくん、岡本健一くんはおとめ座さんをお姫さまのように扱って、夢見心地にしてくれるタイプ。内海くんは繊細な性格でおとめ座さんの気持ちにも敏感に反応してくれます。そんなジャニーズ夫におとめ座さんの気配り上手な性格は、さらにレベルアップするはず。

## ★友だちだったら相性バッグン！

「チャラそうに見えるジャニーズ友だち」

先入観で人を見てしまいがちなおとめ座さんは、表面的には笑顔で接していても、内心では「絶対、この人とは友だちになれない」と一線を引いていることが少なくありません。

本来、おとめ座さんが苦手であろうジャニーズ友だちの代表が、相葉くん、北山くん、二階堂くんです。でも、見た感じはチャラチャラしていても裏表のない彼らとおとめ座さんの友だち相性はバッチリ！ 気を張っていることの多いおとめ座さんを心から笑顔にしてくれるはず。先入観でものを見ずに、このタイプの人に心を開いてみると、気が合うこと間違いありません。

ふつうに相性がよいのは、おとめ座さんと似ている、まつじゅん、安田くん、内くん、中山くん、あっくんです。冷静で頭がよいタイプの彼らなので、おとめ座さんも最初から安心して友だちづき合いができるでしょう。

## ★兄弟だったら相性バッグン！

「平和主義者のジャニーズ兄・和を乱しがちのジ

ャニーズ弟」

おとめ座さんは、思いやりがあって自然と周囲への気配りができるタイプ。自分の懐に入れた人に対しては、きめ細やかな愛情を示します。

同じように空気を読み、誰にでも笑顔で接する二宮くんと河合くんは、おとめ座さんにとって尊敬できるジャニーズ兄です。

特に二宮くんとは、バランスのよい兄弟関係が築けそう。平和主義でありながら、飽きっぽくて不満が態度に出てしまうこともある二宮くんに、妹ながらおとめ座さん特有の母性本能がくすぐられるのです。

逆に現実逃避気味の松岡くんや口ベタな上田くん、まったく空気の読めない藤井くんは、おとめ座さんにとって、心配でほうっておけないかわいいジャニーズ弟。ときには厳しく、ときにはやさしくアメとムチで弟を教育します。

## ★上司だったら相性バツグン！

「逆境に強いジャニーズ上司」

ふだんは冷静で、なにかといえば頭のなかで「この人はこんな人」など、人間ウォッチングをしては分析を楽しんでいるおとめ座さんですが、突然トラブルに見舞われると意外にもパニックになってオロオロしてしまいます。

そんな打たれ弱いところのあるおとめ座さんにピッタリの上司は、降って湧いたようなもめごとも、慌てることなく処理してくれるタイプです。ジャニーズ上司では、長瀬くん、堂本光一くん、堂本剛くん、三宅くん、森田くん、藪くん、濱田くん。

堂本光一くん、堂本剛くん、三宅くん、森田くんは、なにもいわずに解決してくれるタイプですが、長瀬くん、藪くん、濱田くんは、おとめ座さんと一緒になってトラブルに立ち向かってくれるので、勉強という意味においては彼らとのほうが相性はよさそう。

## ★不倫相手だったら…

「大人なジャニーズと禁断の愛」

基本的に不倫は認めない派のおとめ座さん。ただ、秘密主義なところがあるため、「人にはいえない関係」に憧れて、不倫に走るケースがありそう。そんな感じでのスタートなので、本気になることはありませんし、当然人に知られないように気を配ります。

そこで大切になってくるのが、決して秘密をバラさない、本気にならない相手を見極めること。ジャニーズでは、国分くん、翼くん、丸山くん、松島くん、橋本くん、神山くんがおとめ座さんの条件に合いそう。彼らはみんな適度な距離感を持って恋愛するタイプで、干渉しないし恋愛にのめり込むタイプでもありません。彼らとなら秘密の大人の関係を築けるでしょう。

なんだか心配で世話を焼いているうちに、妙な関係になってしまいそうなのが、中居くん、香取くん、翼くん、桐山くん。彼らとはドツボにはまってしまいやすいので気をつけて。

# てんびん座

9月24日～10月23日生まれの人

盛り上げ上手は、右手にペンライト、
左手にウチワ。

割り込まれてもニコニコの、
平和主義者です。

ジャニタレ大好き、
でも自分のことはもっと大好き。

人脈作りが大得意、
1人で参戦しても
帰りはみんなで打ち上げです。

## てんびん座とジャニタレの相性

**★恋人だったら相性バツグン！**
大野くん・岡田くん・丸山くん・安田くん・
桐山くん・あっくん

**★結婚相手だったら相性バツグン！**
山田くん・翼くん・横山くん・
岡本圭人くん・知念くん・中島裕翔くん・
橋本くん・神山くん・藤井くん

**★友だちだったら相性バツグン！**
三宅くん・渋谷くん・中丸くん・菊池くん・
東山くん

**★兄弟だったら相性バツグン！**
二宮くん・藤ケ谷くん・伊野尾くん・北山くん・
宮田くん・松島くん・中間くん・植草くん

**★上司だったら相性バツグン！**
櫻井くん・相葉くん・まつじゅん・滝沢くん・
村上くん

**★不倫相手だったら…**
木村くん・城島くん・長野くん・手越くん・
田口くん・河合くん

## ★恋人だったら相性バツグン！

「互いに趣味に没頭。ときどき会えば満足のジャニーズ彼」

八方美人で、自由人のてんびん座さんなので、恋愛にも奔放と思いきや意外や意外、恋愛の数はそう多くはありません。そもそも恋愛以外のことに興味を持つことが多いてんびん座さんは、それほど恋愛に重きを置いていないのです。

そんなてんびん座さんが、気楽に恋愛を楽しめるのはガツガツしていない同じタイプのジャニーズ彼。丸山くん、安田くん、あっくんとの相性がよさそうです。つき合いははじめから別々の時間をすごすことが多く、お互いに相手の考えを尊重し合える関係です。いつもベタベタしていたいタイプや束縛したがる相手とは合いません。

また、情熱的にアプローチしてくる、大野くん、岡田くん、桐山くんとの相性も悪くありません。最初こそ束縛されることもありますが、しばらくすると落ち着いた関係になれます。

## ★結婚相手だったら相性バツグン！

「地に足をつけさせるか、足をつけさせられるジャニーズ夫」

基本的に自由でいたいてんびん座さんですが、結婚となるとそういうわけにはいきません。恋愛時代とは異なり、責任も重くなります。

てんびん座さんにピッタリのジャニーズ夫は、山田くん、翼くん、横山くん、岡本圭人くん、橋本くん、神山くん。ひたすらてんびん座さんを包み込み、静かに見守ってくれるタイプです。そんな彼らと生活をともにするうちに、てんびん座さんもちゃんとジャニーズ夫と向き合わなくてはいけない、いつまでも自由気ままというわけにはいかないことに気づくはず。

逆にてんびん座さん以上に自由を好むジャニーズ夫たちとの相性も◎。知念くん、中島裕翔くん、藤井くんです。自分の気ままさを反省し、ジャニーズ夫を落ち着かせようと奮闘し、結果的によい夫婦関係が築けます。

## ★友だちだったら相性バツグン！

「大人で干渉しないジャニーズ友だち」

平和主義で争いを好まないてんびん座さんには、友だちづき合いの上で大切な条件があります。「トラブルを起こさない人」、「トラブルが起きてもすぐに対処できる人」、「依存的でない人」です。

つまり、機転がきいて精神的に自立している人となら、てんびん座さんは親しい友人関係を築くことができます。交友関係が広いわりに、気の許せる友だちはごくわずか。てんびん座さんはそんな友だちをとても大切にします。

ジャニーズ友だちで相性がいいのは、三宅くん、渋谷くん、中丸くん、菊池くん、東山くんです。みんな上記の条件に当てはまる人たちなのは当然ですが、必要なときにはちゃんと手を貸してくれます。そんなジャニーズ友だちに、てんびん座さんも全幅の信頼を寄せられそう。

## ★兄弟だったら相性バツグン！

「盛り上げ上手のてんびん座さんとジャニーズ兄が、ジャニーズ弟をフォロー」

1人時間が好きなてんびん座さんではありますが、大勢でワイワイさわぐのも大好きです。はしゃぐときは徹底してハメをはずして楽しめるバランス感覚は、てんびん座さんの長所といえます。

てんびん座さんと同じテンションで遊んでくれるジャニーズ兄が、二宮くん、伊野尾くん、北山くん、松島くん、中間くん。一見、クールそうに見えたり、冷めていそうに見えても、一緒になってバカなことをしてくれるジャニーズ兄たちです。

そして、なかなか人に心を開けないジャニーズ弟の藤ケ谷くんや、ちょっと暗めの宮田くん、すぐ自分の世界に引きこもってしまう植草くんを、てんびん座さんとジャニーズ兄で盛り上げます。こうして、兄弟仲はより深まるのです。

## ★上司だったら相性バツグン!

「細かいことは気にしないジャニーズ上司」

タテ社会に馴染めない性格のてんびん座さんには、フレックスタイムを採用していたり、服装やプライベートには干渉しない、自由な社風の会社がピッタリ。たいてい会社にはその社風に合った人たちが集まるものです。そんな会社なら、てんびん座さんと相性のよい上司も多いはず。

てんびん座さんとよい関係が築けそうなジャニーズ上司は、櫻井くん、相葉くん、まつじゅん、滝沢くん、村上くんです。

櫻井くん、相葉くん、滝沢くんとは上下関係のないフレンドリーなつき合いができます。細かいことにはこだわらない人たちなので、てんびん座さんの気まぐれで自分本位な部分もおおめに見てくれます。

また、まつじゅんは基本的にはルールを重んじるタイプですが、相手に合わせるのが上手なので、てんびん座さんにはフレンドリーに接してくれるはず。村上くんは少々頑固なタイプですが、常識をものともしない点で、てんびん座さんと気が合いそう。

## ★不倫相手だったら…

「品のあるジャニーズとの禁断の愛」

てんびん座さんには自分大好きなナルシストが結構多そう。そのせいか、恋愛を含めて人とすごす時間よりも自分1人の時間を大切にします。しかも平和主義者なので、トラブルになりやすい不倫は極力避けたいタイプ。

そんなてんびん座さんが、もし不倫の相手として選ぶなら、感受性が鋭い木村くん、長野くん、河合くんです。品位に欠ける言動を極端に嫌うてんびん座さんなので、不倫をするにしても周囲の人たちの変化に敏感で、かつ気配りのできるジャニタレがベター。彼らはそんなタイプの典型といえるでしょう。

気をつけなければいけないのは、仕事や恋がうまくいっていないときです。適度な距離感で後腐れのなさそうな、城島くん、手越くん、田口くんと刹那的な不倫関係に陥る可能性も。お互いに引き際を心得ているタイプですが、思わぬ落とし穴があるかもしれないので要注意。

# さそり座

10月24日～11月22日生まれの人

コンサートでは「自担」しか
目に入らない、卓越した集中力。

ジャニタレとの恋愛を夢見ながらも、
リアル彼は欠かしません。

完璧主義者は、
大好きなグループの歌と踊りを
完全コピー。

アイドルのゴシップ記事を書いた
記者の方々、いつまでも恨みます。

## ♏ さそり座とジャニタレの相性

**★恋人だったら相性バツグン！**
生田くん・長瀬くん・堂本光一・渋谷くん・田口くん・知念くん・塚田くん・濱田くん・中間くん・内くん

**★結婚相手だったら相性バツグン！**
櫻井くん・相葉くん・城島くん・国分くん・坂本くん・滝沢くん・村上くん・中島健人くん・中山くん

**★友だちだったら相性バツグン！**
大野くん・稲垣くん・草彅くん・堂本剛くん・岡田くん・錦戸くん・亀梨くん・知念くん・佐藤くん・マリウスくん・戸塚くん・河合くん

**★兄弟だったら相性バツグン！**
玉森くん・長野くん・マッチさん

**★上司だったら相性バツグン！**
二宮くん・丸山くん・安田くん・大倉くん・上田くん・中丸くん・北山くん

**★不倫相手だったら…**
井ノ原くん・小山くん・岡本圭人くん・五関くん・植草くん

## ★恋人だったら相性バツグン！

「妄想ではミステリアスなジャニーズ彼、現実では単純なジャニーズ彼」

さそり座さんはロマンチストで現実的という面をあわせ持っているタイプです。ただし、ロマンチストな部分を人に見せることはないので、他人には現実的な人という印象を与えます。

そんなさそり座さん、妄想のなかでの理想のタイプと現実につき合うタイプは結構異なるようです。妄想の世界でさそり座さんと恋愛を展開するのは、行動の読めないミステリアスなジャニーズ彼、生田くん、堂本光一くん、田口くん、塚田くんです。

生田くんと田口くんは本当の意味でミステリアスタイプですが、堂本光一くんと塚田くんは神秘的というより、どうしたらいいかわからず突飛な言動をとってしまうタイプです。言動が読めないからこそ、彼らへの妄想は広がるのでしょう。

現実の世界では単純でわかりやすいジャニーズ彼を選びます。長瀬くん、渋谷くん、知念くん、濱田くん、中間くん、内くんですが、長瀬くん以外は自分を単純とは思っていないジャニーズ彼。でも、鋭いさそり座さんにはお見とおしです。

## ★結婚相手だったら相性バツグン！

「絶対にウソをつかないジャニーズ夫」

あまり感情を表に出さないさそり座さんですが、ウソをつかれたときだけは本気で激怒します。そして、根に持つタイプのさそり座さんなので、一度ウソをついた相手を再び信用するには時間がかかるし、ウソのレベルによっては二度と信用しない可能性もあります。

結婚生活において、それは離婚につながるできごと。そのため、さそり座さんには正直者、もしくはウソをついてもすぐにわかる単純な人がベスト。相性のよいジャニーズ夫は、櫻井くん、相葉くん、城島くん、国分くん、坂本くん、滝沢くん、村上くん、中島健人くん、中山くんです。

櫻井くんと中山くんについては、ウソはつかないけどあえて話さないことが多そうですが、さそり座さんはなんでもかんでも話してほしいタイプではないので、そこは問題ないでしょう。

## ★友だちだったら相性バツグン！

「オープンマインドのジャニーズ友だち」

心を開くのが苦手で、仲良くなるのに時間のかかるさそり座さん。ズカズカと無神経にさそり座さんに近づいてくるタイプには、より心を閉ざしてしまいます。

そんなさそり座さんには、オープンマインドで来る者拒まずなジャニーズ友だちとの相性がよさそう。大野くん、稲垣くん、草彅くん、錦戸くん、知念くん、マリウスくん、戸塚くん、河合くんです。彼らは気軽にさそり座さんに話しかけてはきますが、かといって強引に友だちになろうとはしません。さそり座さんが望めば快く受け入れてくれるタイプ。

また、さそり座さんと似ているタイプのジャニーズ友だち、堂本剛くん、岡田くん、亀梨くん、佐藤くんとの相性も悪くありません。お互いに時間をかけて、親密な友だち関係を築くことができるでしょう。

## ★兄弟だったら相性バツグン！

「気性の激しいジャニーズ兄・明るくて楽観的なジャニーズ弟」

さそり座さんは、どちらかといえば先頭に立ってみんなを引っ張っていくのではなく、一番後ろから背中を押してあげるタイプです。マッチさんのように指導力はあるけど、気分にムラのあるジャニーズ兄との相性はピッタリ。お互いに足りない部分をフォローしながら、成長することができます。

完璧主義で自分を追い込んでしまいがちなさそり座さんは、失敗するととても落ち込んでしまいます。そんなさそり座さんを元気づけてくれるのが、楽観的なジャニーズ弟、長野くんと玉森くんです。彼らの明るくて前向きな姿を見ていると、さそり座さんも「なにを悩んでいるんだろう」と思えてくるのです。

## ★上司だったら相性バツグン！

「賢いジャニーズ上司に従い、善人のジャニーズ上司に寄り添う」

手を抜くことができないさそり座さんは、いつでも仕事に全力投球です。つねにテキパキと仕事をこなすための合理的な方法を考えています。そのため、仕事のできない上司には尊敬の念を抱けないどころか見下してしまう傾向が。

さそり座さんが尊敬できるジャニーズ上司は、計画的にものごとを進める二宮くんや、完璧主義者の安田くん、堅実に仕事を進める上田くん、頭の回転がはやい中丸くんです。彼らにならさそり座さんもきちんと従うはず。

例外的に、多少仕事ができなくても一緒に働きたいと思えるジャニーズ上司が、丸山くん、大倉くん、北山くんです。彼らに共通しているのは「お人好し」な性格であること。善人に対しては善意で返す律儀なさそり座さんです。

## ★不倫相手だったら…

「見返りを求め合ったり、無償の愛を求めたり」いつでも礼儀正しいさそり座さんですが、不倫には意外と寛大。それほど罪悪感なく、一線を越えてしまえるタイプです。とはいえ、単に溺れてしまうことはなく、お互いにメリットがある相手を選びます。

井ノ原くんはその典型といえます。小山くんと五関くんも、女性を見る目がシビア。見た目がキレイなどといった自分の好みだけで、リスクの大きい不倫関係に陥ることはありません。さそり座さん自身も、仕事でプラスになるとかお金を持っているなど、恋愛感情だけではないなにかに惹かれるはず。

その反面、いつも気を張っているさそり座さんなので、あまりにも疲れてしまったときには、確実に主導権を握れる、岡本圭人くんや植草くんタイプに無償の愛を求めてしまいそう。

# いて座

11月23日～12月22日生まれの人

サプライズ大好き、「自担」以外の
メンバーの誕生日も祝います。

コンサートの抽選にはずれても、
「はい、次、次」の楽天家。

鋭い感性で、
「自担」の変化を見抜きます!

ファン同士のもめごとに
「どうしたの?」と、ついでしゃばる。

## いて座とジャニタレの相性

**★恋人だったら相性バツグン!**
翼くん・小山くん・手越くん・錦戸くん・上田くん・八乙女くん・内海くん

**★結婚相手だったら相性バツグン!**
まつじゅん・二宮くん・丸山くん・安田くん・上田くん・中丸くん・菊池くん

**★友だちだったら相性バツグン!**
木村くん・城島くん・堂本光一くん・三宅くん・田口くん・松島くん・塚田くん・重岡くん

**★兄弟だったら相性バツグン!**
中居くん・山P・山田くん・坂本くん・森田くん・中島健人くん・神山くん・内くん

**★上司だったら相性バツグン!**
藤ケ谷くん・生田くん・山口くん・加藤くん・増田くん・手越くん・横尾くん・宮田くん・戸塚くん・五関くん・河合くん・中間くん

**★不倫相手だったら…**
長瀬くん・岡田くん・亀梨くん・中丸くん・知念くん・岡本健一くん

## ★恋人だったら相性バツグン！

「感性が豊かで、いて座さんと似ているジャニーズ彼」

いて座さんは、鋭い感性で自分が楽しいと感じること、逆に不快に感じることを素早く察知します。恋人に選ぶのは同じ感性を持っている人で、そういう人を見事に見抜く力も持っているいて座さん。

相性のよいジャニーズ彼は、翼くん、小山くん、手越くん、錦戸くん、上田くん、八乙女くん、内海くんです。彼らは揃って感性や直感が鋭いタイプ。お互いに相手をよく観察しているので、ウソなどつこうものならすぐに見破るし、見破られます。

特に気をつける必要があるのは繊細さをあわせ持つ、翼くん、上田くん、八乙女くん、内海くんです。いて座さんのウソが発覚すると、かなりストレスをためてしまいそう。その点安心なのが、小山くん、手越くん、錦戸くん。感性が鋭いわりに図太いところがあるので、いて座さんのウソにもたいして動揺しません。ただ、いて座さんも手痛いしっぺ返しをくらう可能性が。

## ★結婚相手だったら相性バツグン！

「いつまでも新鮮な結婚生活が送れる、サプライズ上手なジャニーズ夫」

明るくて人を笑わせるのが大好きないて座さんは、自分がサプライズをされるのも大好きです。直感が鋭いので、事前にサプライズに気づいてしまうこともままありますが、それでも驚いたリアクションで、相手をさらに喜ばせるいて座さん。

結婚相手にピッタリなのは、やはりサプライズ好きなタイプです。いて座さんを楽しませてくれるジャニーズ夫は、まつじゅん、二宮くん、丸山くん、安田くん、上田くん、中丸くん、菊池くん。しかも彼らは、器用で計画性も持ち合わせているので、鋭いいて座さんにバレずにサプライズの準備ができる強者揃いです。いて座さんは、いつまでも新鮮な気持ちで結婚生活を送ることができるでしょう。

唯一、安田くんにだけは、サプライズに「お金、かけすぎでしょ」とか、プレゼントに「うーん、ちょっと好みじゃないかも」などと、いて座さんがダメ出しをしそう。

## ★友だちだったら相性バツグン！

「フットワークが軽く、一緒に冒険できるジャニーズ友だち」

行動力のあるいて座さんは、思い立ったが吉日とばかりに、やりたいことはすぐにはじめます。無謀な場合も多いので失敗もしますが、楽天的ないて座さんはやらずに後悔するより、失敗してそれを糧にするほうを選びます。

友だちになるのも、フットワークの軽い人が多そう。ジャニーズ友だちで相性がいいのは、城島くん、三宅くん、田口くん、松島くん、塚田くん、重岡くんです。特に田口くんと塚田くんとの相性はバッチリ！　突然で突拍子もないいて座さんの誘いにも、喜んでのってくる2人です。

木村くんと堂本光一くんは、特別フットワークが軽いタイプではありませんが、卓逸した計画性と慎重さで、いて座さんを助けてくれます。困ったときは頼りになるジャニーズ友だちです。

## ★兄弟だったら相性バッグン！

「おせっかいないいて座さんとジャニーズ弟が、ネガティブなジャニーズ兄のケツを叩く」

いつも明るくて元気ないて座さんは、落ち込んでいる人を見ると声をかけずにはいられません。そっとしておいてほしい相手にとっては迷惑きわまりないこともありますが、この愛情深い性格はいて座さんの長所の1つです。

そんないいて座さんを若干ウザく思いながらも精神的に助けられるジャニーズ兄が、山田くん、坂本くん、森田くん。なにに対しても一生懸命ゆえに、失敗するとかなり落ち込んでしまうジャニーズ兄たちです。

いて座さんと一緒になってジャニーズ兄のケツを叩くのが、おせっかいで少々でしゃばりなジャニーズ弟たち、中居くん、山P、中島健人くん、神山くん、内くんです。いて座さんと似ているタイプのジャニーズ弟たちとは、友だちのような関係です。

## ★上司だったら相性バッグン！

「仕事がしやすいジャニーズ上司と、見習うべきジャニーズ上司」

せっかちですぐに答えを出さないと気がすまないいて座さん。感覚で仕事をしてしまいがちなので、細かい部分を見落としてしまうこともしばしば。鋭い感性を持っているため大きなミスにはつながらないし、テキパキと仕事をこなすので周囲からの評価は高いでしょう。

いて座さんを評価してくれるジャニーズ上司は、藤ケ谷くん、生田くん、手越くん、五関くん、中間くんです。彼らは完璧さよりもすばやさを重視するタイプで、いて座さんと似ています。

でも、いて座さんが見習うべき上司は、多少仕事が遅くても繊細でミスを見逃さない、山口くん、加藤くん、増田くん、横尾くん、宮田くん、戸塚くん、河合くんタイプのジャニーズ上司です。さらに、山口くんと河合くんは、いて座さんがミスをする前に先回りして軌道修正してくれる、頼りになるジャニーズ上司です。

## ★不倫相手だったら…

「お互いに楽しめればOK！」

いて座さんは「バレなければ不倫してもいいいんじゃない」という考えの持ち主です。その場のノリで、一夜かぎりのアバンチュール経験も少なくなさそう。

そんな相手にジャニーズを選ぶなら、長瀬くん、岡田くん、中丸くん、知念くん、岡本健一くん。長瀬くん、岡本健一くん、中丸くんは、そもそもベタベタする関係を嫌うため、友だちづき合いの延長のように、さっぱりとした関係が築けます。端から見ると、不倫関係とは思えないくらいさわやかなカップルに見えるでしょう。岡田くんと知念くんは、最初はかなり盛り上がりそう。「秘密の恋」というだけで、気持ちが高ぶってしまうタイプですが長くは続きません。

気をつけなくてはいけないのは、亀梨くんタイプ。外見のクールさに惑わされて、いて座さんとしては一夜かぎりと思っていたのに、かなりしつこくつきまとわれる可能性大。

# やぎ座

12月23日～1月20日生まれの人

ひかえめなので、
ウチワはそっと振ります。

コンサート中盤で
ようやくフルエンジンの、
スロースターター。

粘り強さはピカイチ、
何時間でも出待ちします！

われ先にグッズを求める、
利己主義者。

## やぎ座とジャニタレの相性

**★恋人だったら相性バツグン！**
櫻井くん・相葉くん・稲垣くん・森田くん・村上くん・藪くん・松島くん・重岡くん・中山くん

**★結婚相手だったら相性バツグン！**
中居くん・木村くん・長野くん・小山くん・錦戸くん・佐藤くん・小瀧くん・あっくん

**★友だちだったら相性バツグン！**
香取くん・国分くん・上田くん・濱田くん・内海くん

**★兄弟だったら相性バツグン！**
堂本剛くん・井ノ原くん・加藤くん・桐山くん

**★上司だったら相性バツグン！**
玉森くん・二階堂くん・伊野尾くん・八乙女くん・桐山くん

**★不倫相手だったら…**
大野くん・生田くん・松岡くん・堂本光一くん・増田くん・横尾くん・マリウスくん・内くん

## ★恋人だったら相性バツグン！

「ジャニーズ彼と穏やかな恋がしたい！」

のんびり屋で性格も穏やかなやぎ座さんは、恋愛に刺激を求めません。浮気症の彼にヤキモキさせられる毎日なんて考えられません。そのため、好きになる人はたいていもの腰のやわらかい落ち着いたタイプ。そして、相手からきちんと告白してくれる人です。

ジャニーズ彼でいえば、櫻井くん、森田くん、村上くん、薮くん、松島くん、重岡くん。家族を大切にする櫻井くんや村上くん、一途な森田くんや薮くんとは、結婚まで考えられる恋人関係になれそう。松島くんと重岡くんとは、フレンドリーで気楽なつき合いができます。

用心深くて堅実なやぎ座さんですが、その現実さゆえに、ときどきミステリアスな人に惹かれる傾向があります。それが相葉くん、稲垣くん、中山くん。なにを考えているのかわからないところに不安になりながらも、謎めいた関係に酔いしれてしまうのです。

## ★結婚相手だったら相性バツグン！

「遺伝子を考えて、やぎ座さんとは正反対のジャニーズ夫」

慎重で安定を好むやぎ座さんなので、その性格を考えれば相性のよいジャニーズ夫は、木村くん、長野くん、小山くん、あっくんのような、誠実でやさしいタイプといえるでしょう。彼らとなら、刺激はないけれど、平穏で温かい家庭を築けること間違いなし。

ところが、意外にも結婚で冒険をしてしまうやぎ座さんは少なくありません。生まれてくる子どもの性格を考えてしまうのです。繊細でネガティブな人が多いやぎ座さん。そんな性格をマイナスととらえている人が結構いるため、明るくてポジティブな人と結婚すれば、子どももそんな性格に育つと信じているのです。生真面目なやぎ座さんならではの考えといえるでしょう。

そこでやぎ座さんが選ぶジャニーズ夫が、中居くん、錦戸くん、佐藤くん、小瀧くん。明るくて根っからのお調子者である中居くん、小瀧くんはもちろん、少々風変わりな錦戸くんや佐藤くんにも惹かれそう。

## ★友だちだったら相性バツグン！

「気分にムラがある友だちに好かれるやぎ座さん」

おとなしくて寛大なせいか、やぎ座さんの周りには、子どもっぽくてわがままな人が集まってきそう。そんな人たちの悩みを、やぎ座さんは親身になって聞いてあげるので、さらにそういう人たちに囲まれてしまいます。とはいえ、人に頼られるのが嫌いではないやぎ座さん。誰かに必要とされていると実感することで安心できるのです。そんなやぎ座さんにピッタリのジャニーズ友だちは、香取くん、濱田くん、内海くんです。揃って無邪気だったり甘えん坊だったり、気分にムラがあるタイプですが、やぎ座さんは彼らと上手につき合うことができます。

もちろん、やぎ座さん自身が安心できる友だちも必要。ときには、国分くんや上田くんのようなおおらかなジャニーズ友だちに、やぎ座さんが甘えてみましょう。

## ★兄弟だったら相性バツグン！

「お互いにフォローし合う、やぎ座さんとジャニーズ兄弟」

ひかえめで自己主張が苦手なやぎ座さんですが、ときどき利己主義な一面が出てしまいます。落ち着いているときは問題ないのですが、なにかに夢中になると視野がせまくなってしまい、他の人のことまで考えが及ばなくなってしまうのです。

そんなやぎ座さんをフォローしてくれるジャニーズ兄が、堂本剛くんと井ノ原くん。厳しく注意してくれる井ノ原くん、やさしく見守りながら気配りを見せる堂本剛くんとタイプは異なりますが、やぎ座さんの短所を埋めてくれる頼りになるジャニーズ兄です。

また、せっかちで思い込みの激しいジャニーズ弟、加藤くんと桐山くんをフォローするのはやぎ座さんの役目。それぞれが自分たちの役割をわきまえている、兄弟らしい関係性が築ける相性です。

## ★上司だったら相性バツグン！

「結果を急がない、根気のあるジャニーズ上司」

スロースターターで、ものごとをはじめるまでに時間のかかるやぎ座さん。仕事においてもその性格が出てしまうようです。すぐに結果を出さないといけない仕事には向いていませんが、粘り強さにおいてはやぎ座さんの右に出る者はいません。十分に時間をかけて成果をあげるタイプの仕事を選びましょう。

当然、そんなやぎ座さんには仕事を急かす上司はマイナスでしかありません。相性のよいジャニーズ上司は、自分自身もちょっと抜けている玉森くん、落ち込んだときに全力で笑わせてくれる二階堂くん、一見不真面目そうに見えて実は誠実な伊野尾くん、自身も慎重なので相手にもそれを求める八乙女くん、内面の振り幅は大きいけど人に対してはやさしい桐山くんです。彼らとなら信頼関係を持って仕事に打ち込めるはず。

## ★不倫相手だったら…

「のめり込んだら危険なやぎ座さん」

やぎ座さんは基本的には不倫反対派です。もし旦那さんが浮気をしたら即離婚！　というくらいモラルには厳しいタイプ。そんなやぎ座さんなので、禁断のとびらを開けてしまったときはかなり危険です。利己主義な性格が全面に出てしまい、なり振りかまわず相手を自分のものにしようとします。

積極的だったり、逆に臆病だったりする相手との不倫関係は泥沼に陥りやすいので、特に危険です。ジャニーズでは、大野くん、増田くん、マリウスくん。

恋愛に対してはっきりとした白分の価値観を持っていたり、それほど恋愛に関心のない人だったら、そこまでのめり込むことはないでしょう。ジャニーズでは、生田くん、松岡くん、堂本光一くん、横尾くん、内くんです。

# みずがめ座

1月21日〜2月19日生まれの人

平凡なんて大嫌い、
アイドルになってジャニタレと秘密の恋

ひらめきと思いつきで、
街でのジャニタレ遭遇率高し。

長蛇の列に笑顔で割り込む、
腹黒さ。

ユニークな、ウチワを振って
気を惹きます。

## みずがめ座とジャニタレの相性

**★恋人だったら相性バツグン！**
玉森くん・山口くん・滝沢くん・髙木くん・菊池くん

**★結婚相手だったら相性バツグン！**
山P・稲垣くん・大倉くん・亀梨くん・田口くん・北山くん・松島くん・五関くん

**★友だちだったら相性バツグン！**
櫻井くん・長野くん・翼くん・村上くん・宮田くん・中島健人くん・岡本健一くん

**★兄弟だったら相性バツグン！**
木村くん・長瀬くん・堂本光一くん・二階堂くん・マリウスくん・小瀧くん・中山くん・錦織くん

**★上司だったら相性バツグン！**
大野くん・岡田くん・横山くん・千賀くん・岡本圭人くん・知念くん・有岡くん・重岡くん

**★不倫相手だったら…**
相葉くん・坂本くん・森田くん・八乙女くん・中島裕翔くん・戸塚くん・藤井くん

## ★恋人だったら相性バツグン！

「ジャニーズ彼と変化のある楽しい毎日」

じっとしているのが苦手で、いつでもおもしろいことを探しているみずがめ座さん。平凡な毎日よりも、ジェットコースターのように変化のある毎日を好みます。恋人には、やはりそういうタイプを選びそう。

みずがめ座さんと刺激のある恋人関係になれるジャニーズ彼は、滝沢くん、髙木くん、菊池くんです。恋にのめり込むことのない滝沢くんと、溺れやすい菊池くんという違いはありますが、サプライズ好きな2人はみずがめ座さんを楽しませてくれるでしょう。髙木くんには振り回されてしまいがちですが、みずがめ座さんはそんな関係もおもしろがりそう。

とはいえ、ある程度年齢を重ねると、軽くて刺激的な恋愛ではなく、落ち着いた大人の恋をしてみたくなるもの。そのときは玉森くん、山口くんタイプのジャニーズ彼がおすすめです。

## ★結婚相手だったら相性バツグン！

「ジャニーズ夫のプライドをズタズタにして楽しむみずがめ座さん」

ドSキャラで、少々腹黒い面があるみずがめ座さんは、旦那さんを手玉にとって楽しむのが大好き。ジャニーズ夫ではプライドの高い、山P、松島くん、五関くんが標的になりそう。彼らは、自分がてんびん座さんをコントロールしていると思いがちなタイプ。てんびん座さんはそんな彼らの出鼻をくじいて楽しんでいます。

逆に稲垣くんや田口くんタイプには、てんびん座さんが手玉にとられてしまう可能性があるので要注意。

そんな腹黒てんびん座さんも、誠実で素直なジャニーズ夫の、大倉くん、亀梨くん、北山くんに対しては、一転してとてもやさしく接します。どちらかというと性悪説を支持するてんびん座さんですが、バカがつくほどのお人好しには、さすがにいじわるはできません。

## ★友だちだったら相性バツグン！

「非常識でユニークなジャニーズ友だち」

てんびん座さんが仲良くなれる友だちのタイプは、大きく分けて2つ。1つは「常識でものごとを見ない人」、もう1つは「人と違ったユニークな面を持っている人」です。

ジャニーズ友だちで相性がいいのは、櫻井くん、長野くん、翼くん、村上くん、宮田くん、中島健人くん、岡本健一くん。常識そうに見えて意外に「常識ってなに?」なタイプなのが、櫻井くんと村上くんです。常識の範疇でものごとをはかられるのを嫌うところがてんびん座さんと似ているため気が合います。

てんびん座にとって「ユニーク」の基準は結構広いようです。若干浮世離れしたユニークさを持つ宮田くんや中島健人くん、多趣味なところに興味を惹かれる長野くん、思いがけない部分で怒りをあらわにする岡本健一くん、引っ切りなしにチャレンジし続ける翼くんなど、てんびん座さんによって、惹きつけられる部分は異なります。

## ★兄弟だったら相性バツグン！

「堅実なジャニーズ兄からは戒められ、先入観で人を見ないジャニーズ弟とは気が合う」

新しいもの好きのてんびん座さんは、新機種が出ればば携帯電話を買い替え、バージョンアップすればパソコンを買い替える、なかなかの浪費家。てんびん座さんの辞書に「貯金」という文字はなく、あればあるだけ使ってしまうタイプです。

そんなてんびん座さんに、うるさいように「ムダづかいをするな」と戒める、堅実派のジャニーズ兄、木村くん、堂本光一くん、中山くん。てんびん座さんはジャニーズ兄に頭が上がりません。

逆にてんびん座さんを慕ってくるのが、先入観で人を見ないジャニーズ弟、長瀬くん、二階堂くん、マリウスくん、小瀧くん、錦織くん。変化好きのてんびん座さんもヘンな固定概念を持たないタイプなので気が合うのです。

## ★上司だったら相性バツグン！

「常識的だけど、てんびん座さんにはそれを押しつけないジャニーズ上司」

特に反骨精神が強いわけではありませんが、常識の範囲にはめ込まれそうになると、とたんに反抗的になるてんびん座さん。自由でのびのびとした環境でこそ、力を発揮するタイプです。

てんびん座さんと相性のよいジャニーズ上司は、大野くん、千賀くん、知念くん、有岡くん、重岡くん。彼らの特徴は、常識的でありながらある程度自由にてんびん座さんに仕事をさせてくれるところです。ただし、あまりにもハメをはずしすぎた場合は、きちんと叱ってくれるので、てんびん座さんも、それなりの緊張感を持って仕事に臨みます。

岡田くんの場合はてんびん座さんと同様、常識にうといところがあるので、一緒になって調子にのりすぎてしまうことがあるので要注意。

そして、ルールを重んじるタイプの横山くん、岡本圭人くんに関しては、実はあまりにも型にはまり過ぎているせいか、みずがめ座さんにとっては「ユニーク枠」に入り興味の対象。おもしろがっていうことを聞きそう。

## ★不倫相手だったら…

「不倫ができないジャニーズを、禁断の世界に引きずり込む」

「人生、楽しいのが一番」がモットーのみずがめ座さんは、不倫も恋愛の1つという位置づけ。たまたま好きになった人に配偶者がいただけのことと、罪悪感なく不倫を楽しみます。

みずがめ座さんの餌食になってしまうジャニーズが、坂本くん、森田くん、戸塚くん。彼らは男性ですが貞操観念が強いタイプなので、配偶者以外の人には目もくれません。みずがめ座さんには、そんな彼らを不倫の世界に引きずり込むのが楽しくて仕方がないタイプが多そう。

相葉くん、八乙女くん、中島裕翔くん、藤井くんは、臨機応変に対応するタイプ。そのときの気分によって、てんびん座さんと一夜限りの不倫関係を結ぶこともあります。いずれにせよ、移り気なてんびん座さんなので長くは続かないでしょう。

# うお座

2月20日～3月20日生まれの人

ロマンチストで他力本願、
白馬に乗ったジャニタレ王子を
待ち続けます!

グッズ買いまくり、すべて(の財産)を
捧げる献身度。

優柔不断は、「〇〇くんもカッコいいし、
〇〇くんもステキだし」と
1人に絞れず。

「同担」に席を譲る、お人好し。
いえいえ、心やさしい気づかい屋。

## うお座とジャニタレの相性

**★恋人だったら相性バツグン!**
香取くん・城島くん・松岡くん・堂本剛くん・亀梨くん・マリウスくん・河合くん

**★結婚相手だったら相性バツグン!**
生田くん・草彅くん・増田くん・横尾くん・二階堂くん・戸塚くん・内くん

**★友だちだったら相性バツグン!**
藤ケ谷くん・玉森くん・森田くん・滝沢くん・加藤くん・岡本圭人くん

**★兄弟だったら相性バツグン!**
国分くん・長瀬くん・岡田くん・錦戸くん・安田くん・髙木くん

**★上司だったら相性バツグン!**
山田くん・中島裕翔くん・佐藤くん・菊池くん・橋本くん・神山くん・藤井くん・中山くん・東山くん・錦織くん・マッチさん

**★不倫相手だったら…**
中島健人くん・塚田くん・内海くん

## ★恋人だったら相性バツグン！

「積極的にアプローチをしてくるジャニーズ彼」

恋愛に夢見がちなうお座さんは、受け身で自分から行動を起こすことはまれです。でも頭のなかでは、いつか素敵な王子さまが迎えにきてくれるという幻想をいつまでも抱いているタイプ。

うお座さんの理想のジャニーズ彼は、繊細でソフトなタイプの、堂本剛くん、亀梨くん、河合くんです。ただ、このタイプは得てして臆病だったり、疑り深かったりと、自分からなかなか行動を起こしません。がんばってうお座さんからアプローチしてみましょう。

現実に恋人関係に発展しそうなのは、積極的にうお座さんにアタックしてくるタイプ。香取くん、城島くん、松岡くん、マリウスくんです。特に相性がいいのは松岡くんとマリウスくん。2人には自分本位なところがありますが、依存的なうお座さんにはそれくらいのほうがよさそう。

注意が必要なのが香取くんと城島くんです。香取くんはどちらかというと依存したいほうなので、つき合ううちにうお座さんには荷が重くなってしまうかもしれません。また、城島くんはお互いに自立したつき合いを望むタイプなので、うお座さんが疲れてしまいそう。

## ★結婚相手だったら相性バツグン！

「亭主関白なジャニーズ夫に、3歩下がって従ううお座さん」

依存的なうお座さんには、多少強引でも引っ張っていってくれる亭主関白タイプのジャニーズ夫がピッタリです。草彅くん、横尾くん、二階堂くん、内くんとの相性がよさそう。うお座さんはつねにジャニーズ夫をたて、誠心誠意尽くします。そんなうお座さんを、ジャニーズ夫はしっかりと守ってくれるでしょう。

また、生田くん、増田くん、戸塚くんとの相性も悪くはありません。生田くんの場合は適度な距離感で精神的に独立する方法を、増田くんの場合は積極的に行動する方法を、戸塚くんの場合は自分でものごとを判断する勇気を学ばなくてはいけませんが、彼らはみんな誠実で、うお座さんを成長させてくれるジャニーズ夫です。

## ★友だちだったら相性バツグン！

「1位はお人好し、2位は話を聞いてくれるジャニーズ友だち」

うお座さんはほんわかしていて、ちょっと浮世離れしているタイプ。そのため、急かされたり、きつい言葉を投げられたりすると、焦ったり怯えてしまいがちです。

そんなうお座さんにピッタリのジャニーズ友だちは、ペースが似ていて、かつお人好しの玉森くん、森田くん、岡本圭人くん。周囲からは「あの人たちは会話がかみ合っているのだろうか？」と思われがちですが、独特の雰囲気をかもし出しながらも、なんだか気が合うジャニーズ友だちです。

そして、うお座さんにとって心強いジャニーズ友だちは、藤ケ谷くん、滝沢くん、加藤くんの3人。あちこちに飛んで、要領を得ないうお座さんの話を、根気強く聞いてくれる人たちです。

## ★兄弟だったら相性バツグン！

「ジャニーズ兄はうお座さんの代弁者・ジャニー

ズ弟はうお座さんの模範者」

優柔不断でなかなか自分ではものごとを決められないうお座さん。決断したとしてもそれをうまく伝えるのも苦手です。

うお座さんの決断に力を貸し、代わりに伝えてくれるのがジャニーズ兄の、国分くんと長瀬くん。2人とも気が長いので、ムリに答えを誘導することなく、うお座さんのペースに合わせてくれるやさしいジャニーズ兄です。

一方、ジャニーズ弟はどちらかというとせっかち。岡田くん、錦戸くん、安田くん、髙木くんですが、彼らはみんな自分の意見をきちんと持ち、積極的に行動できるタイプ。うお座さんにとって、自分に足りない部分を行動で見せてくれる模範的なジャニーズ弟たちです。

## ★上司だったら相性バツグン！

「他力本願から脱出させてくれるジャニーズ上司」

自分に自信がないせいか、人に頼ってしまいがちのうお座さん。でも、それではいけないということはわかっています。特に仕事で人に頼ってばかりでは、いつまでたっても一人前になれません。

うお座さんが自信を持って仕事に打ち込めるようにサポートしてくれるジャニーズ上司が、山田くん、中島裕翔くん、菊池くん、橋本くん、藤井くん、東山くん、錦織くん、マッチさんです。彼らは口は出しても手は出さないタイプ。ときには励ましたり、ときには叱咤したりしながら、うお座さんが1人立ちできるように手助けしてくれるでしょう。

次に相性がよいジャニーズ上司は、佐藤くん、神山くん、中山くん。彼らは口も手も出してくれ、一緒になって仕事を片づけてくれるタイプ。うお座さんが頼りすぎずにがんばれたら、とても心強い味方になるでしょう。

## ★不倫相手だったら…

「純粋ゆえに本気になってしまいそうなジャニーズとうお座さん」

子どものようなピュアな心を持ち続けているうお座さんなので、一夜かぎりの恋などとうていできません。にもかかわらず、意外に不倫関係に陥りやすいのがうお座さん。ロマンチストで妄想好きなうお座さんは、障害があればあるほど、悲劇のヒロインになった気分で燃え上がってしまうのです。

そうなってしまったら、誰もうお座さんを止めることはできません。悲劇のヒロインになってしまったうお座さんを受け止めてくれるジャニーズは、中島健人くん、塚田くん、内海くんの3人。揃って、浮気ではなく本気になってしまうタイプなので、うお座さんの相手役にはピッタリといえるでしょう。

とはいえ、ジャニーズたちがうお座さんの思いどおりに動いてくれるとはかぎりません。妄想大好きのうお座さんが、妄想どおりに不倫相手を演じてくれないジャニーズに熱が冷めて、蜜月終了となりそう。

# おわりに

「ジャニーズ占い」、楽しんでいただけたでしょうか？「合ってる、合ってる、そのとおり！」と共感した方、「いやいや、コレ違うでしょう」とツッコミを入れた方、「へー、○○くんてそんな人なんだ」と素直に受け取った方、感想はいろいろだと思います。

でも、それでいいのです。占いによって導き出された結果は、表面に見える部分もあれば、表面に見えない部分もあります。もしあなたの印象と違っていても、「そういう一面もあるんだ」と柔軟な気持ちで改めてジャニーズを観察してみると、また新しい側面が垣間見えるかもしれません。

もちろん、「コレ違うし、おかしくない？」とツッコミを入れながら、ファン同士のコミュニケーションツールとして活用していただければ、これもまたうれしいことです。

共感してくださった方も、ファン以外のジャニーズと本書で紹介した性格を比較してみてください。素直に受け入れてくださった方は、ぜひテレビで確認してみてくださいね。

同じようにグループ内の関係性を観察してみるのも楽しいかもしれません。そして、あなたが見た個々の関係を相関図に追加してみましょう。あなただけのオリジナル相関図作りも、なかなかおもしろいと思いますよ。また、ファンではなくても、自分と相性のよいジャニーズに注目してみるのもいいかもしれません。

こうして本書を活用していくうちに、ジャニーズのさらなる魅力に気づいたり、これまでまったく目に入っていなかったジャニーズにも関心が向くようになることでしょう。

いつの時代も女性を魅了してやまないジャニーズアイドルたち。彼らを応援するうえで、本書がちょっとしたスパイスになれば幸いです。

# 12星座が示す!
# ジャニーズたちとあなたの占星術

2016年1月31日 初版第一刷発行

著者……葉山さくら
発行者……揖斐 憲
発売元……株式会社サイゾー
〒150-0043 東京都渋谷区道玄坂 1-19-2
スプラインビル 3F
TEL:03-5784-0791

印刷・製本……株式会社シナノパブリッシングプレス
装丁デザイン……Nakaguro Graph(黒瀬章夫)
本文デザイン……長久雅行


ISBN 978-4-904209-96-7